ELI-Lektüren: Texte für Leser jeden Alters.
Von spannenden und aktuellen Geschichten
bis hin zur zeitlosen Größe der Klassiker.
Eine anspruchsvolle redaktionelle Bearbeitung,
ein klares didaktisches Konzept und ansprechende
Illustrationen begleiten den Leser durch
die Geschichten, und Deutsch lernt man
wie von selbst!

W9-CPB-583

Franz Kafka

Die Verwandlung

Nacherzählt von Peggy Katelhön
Illustrationen von Ariannna Vairo

ERWACHSENE ELI LEKTÜREN

Die Verwandlung
Franz Kafka
Nacherzählt von Peggy Katelhön
Übungen: Peggy Katelhön
Illustrationen: Arianna Vairo
Redaktion: Iris Faigle

ELI-Lektüren

Konzeption
Paola Accattoli, Grazia Ancillani,
Daniele Garbuglia (Art Director)

Grafische Gestaltung
Sergio Elisei

Layout
Tonidigrigio

Produktionsleitung
Francesco Capitano

© 2012 ELI S.r.l.
B.P. 6 - 62019 Recanati - Italien
Tel. +39 071 750701
Fax +39 071 977851
info@elionline.com
www.elionline.com

Verwendeter Schriftsatz: Monotype Dante 11,5/15

Druck in Italien: Tecnostampa Recanati - ERA 314.01
ISBN 978 88 536 0797-3

Erste Auflage Februar 2012

www.elireaders.com

Inhalt

Zeichen für die Hörtexte auf der CD **Anfang** ▶ **Ende** ■

Frau Samsa

Herr Samsa

Grete Samsa

Gregor Samsa

Der Prokurist

Dienstmädchen 1

Bedienerin 2

Dienstmädchen 3

Drei Zimmerherren

7

1 **Möbel: Streichen Sie in jeder Zeile das Substantiv, das kein Möbelstück ist! Schreiben Sie es mit dem richtigen Artikel auf!**

A~~pfel~~ • Sessel • Stuhl • Hocker: *der Apfel*

1 Garderobe / Schrankwand / Wandfarbe / Fernseher / Tisch: _____.

2 Schrank / Glas / Regal / Leuchte / Schreibtisch: _____.

3 Fernsehen / Bett / Sofa / Radio / Liege: _____.

4 Kommode / Nachtschrank / Laken / Eckbank / Blumenbank: _____.

5 Pult / Stereoanlage / Teppich / Papierkorb / Nachthemd: _____.

6 Fliege / Stockbett / Stehlampe / Gästebett / Blumentopf: _____.

2 **Zimmer. Bilden Sie Substantive!**

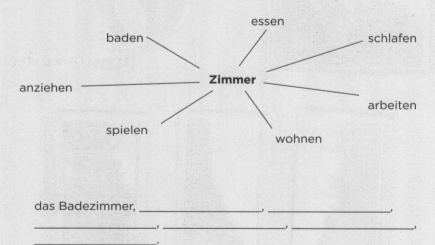

das Badezimmer, _____, _____,

_____, _____, _____,

_____.

3 **Mein neues Zimmer. Welche Präposition passt?**
(Sie können mehrmals verwendet werden.)

an • auf • hinter • ~~in~~ (x2) • neben • über • unter • vor • zwischen

Heute richte ich mein neues Zimmer ein. (0) ___In___ meinem
Zimmer ist viel Platz. Deshalb trage ich viele Möbel (1) _____
mein Zimmer. Meine Gitarre lehne ich gleich (2) _____ die Wand.
Sie steht jetzt (3) _____ der Wand. (4) _____ das Fenster stelle
ich mein neues Klavier. Ein Foto meiner Freundin steht immer (5)
_____ diesem Klavier. (6) _____ das Klavier stelle ich eine Palme.
(7) _____ dem Klavier befindet sich schon ein Bonsai-Baum.
Meine Bodenvase steht (8) _____ Klavier und Bonsai-Baum. Der
Schreibtisch steht mitten im Zimmer. (9) _____ dem Schreibtisch
ist der Papierkorb. (10) _____ dem Schreibtisch hängt eine blaue
Lampe. Meine Kommode steht rechts (11) _____ dem Fenster. (12)
_____ der Kommode verstecke ich mein Sparschwein, damit es
niemand findet. Das Bett ist links (13) _____ dem Fenster. Es ist
sehr groß. Das Sofa steht gleich links (14) _____ der Tür. (15) _____
das Sofa lege ich viele bunte Kissen. (16) _____ dem Sofa liegt
auch meine Lieblingsdecke. Mein Zimmer ist jetzt sehr gemütlich.

4 **Jetzt sind Sie dran! Beschreiben Sie Ihr Traumhaus.**
Nutzen Sie diese Ausdrücke!

Garten	Fenster	gemütlich
Fahrstuhl	Türen	Kinder
viel Platz	Nachbarn	Tiere
große Zimmer	Klavier	Weg
hell	Obstbäume	Keller
Kamin	ruhig	Garage
	Umgebung	Flur

Kapitel 1

Erwachen

▶ 2 Als Gregor Samsa eines Morgens aus unruhigen Träumen erwachte,
fand er sich in seinem Bett zu einem ungeheuren Ungeziefer[1]
verwandelt. Er lag auf seinem panzerartig harten Rücken und sah,
wenn er den Kopf hob, seinen gewölbten, braunen Bauch, auf dem
sich die Bettdecke kaum noch halten konnte. Seine vielen dünnen
Beine flimmerten ihm hilflos vor den Augen.

„Was ist mit mir geschehen?", dachte er. Es war kein Traum. Sein
Zimmer, ein richtiges, nur etwas zu kleines Menschenzimmer, lag
ruhig zwischen den vier wohlbekannten Wänden. Über dem Tisch, auf
dem eine Musterkollektion von Tuchwaren[2] ausgebreitet war – Samsa
war Reisender – hing das Bild, das er vor Kurzem aus einer Zeitschrift
ausgeschnitten und in einem hübschen Rahmen untergebracht hatte. Es
stellte eine Dame dar, die mit einem Pelzhut und einer Pelzboa dasaß.

Gregors Blick richtete sich dann zum Fenster, und das trübe Wetter
– man hörte Regentropfen auf das Fensterblech schlagen – machte
ihn ganz melancholisch. „Wie wäre es, wenn ich noch ein wenig
weiterschliefe und alle Narrheiten vergäße", dachte er, aber das war
unmöglich, denn er war gewöhnt, auf der rechten Seite zu schlafen,
konnte sich aber nicht in diese Lage bringen. Wie er sich auch auf die

---

[1] s Ungeziefer - das Insekt   [2] e Tuchware, n der Stoff, Textilien

rechte Seite warf, immer wieder fiel er in die Rückenlage zurück. Er versuchte es wohl hundertmal, schloss die Augen, um die zappelnden[1] Beine nicht sehen zu müssen, und hörte erst damit auf, als er einen leichten Schmerz zu fühlen begann.

„Ach Gott", dachte er, „was für einen anstrengenden Beruf habe ich gewählt! Tag aus, Tag ein auf der Reise. Die Sorgen um die Zuganschlüsse, das unregelmäßige, schlechte Essen, ein immer wechselnder, menschlicher Verkehr. Der Teufel soll das alles holen!" Er fühlte ein leichtes Jucken[2] oben auf dem Bauch; er hob den Kopf; fand die juckende Stelle, die mit kleinen weißen Pünktchen besetzt war, die er nicht kannte; er wollte mit einem Bein die Stelle betasten, zog es aber gleich zurück.

Er glitt[3] wieder in seine frühere Lage zurück. „Dies frühzeitige Aufstehen", dachte er, „macht einen ganz blödsinnig. Der Mensch muss seinen Schlaf haben. Andere Reisende leben wie Haremsfrauen. Wenn ich zum Beispiel im Laufe des Vormittags ins Gasthaus zurückgehe, um die Aufträge zu überschreiben, sitzen diese Herren erst beim Frühstück. Das sollte ich bei meinem Chef versuchen; ich würde auf der Stelle hinausfliegen. Wer weiß übrigens, ob das nicht sehr gut für mich wäre. Wenn ich mich nicht wegen meiner Eltern zurückhielte, ich hätte längst gekündigt, ich wäre vor den Chef getreten und hätte ihm meine Meinung gesagt. Vom Pult hätte er fallen müssen! Es ist auch eine sonderbare Art, sich auf das Pult zu setzen und von der Höhe herab mit dem Angestellten zu reden... Nun, die Hoffnung ist noch nicht aufgegeben; habe ich einmal das Geld beisammen, um die Schulden[4] der Eltern an ihn abzuzahlen – es dürfte noch fünf bis sechs Jahre dauern – dann wird der große Schnitt gemacht. Vorläufig

---

[1] **zappelnd** strampeln, schnell hin und her bewegen
[2] **s Jucken** das Kratzen oder Kribbeln
[3] **gleiten, gleitet, glitt, ist geglitten** rutschen
[4] **e Schuld, en** hier: ein Rückstand, Geld, das zurückbezahlt werden muss

allerdings muss ich aufstehen, denn mein Zug fährt um fünf."

Und er sah zur Weckuhr hinüber, die auf dem Kasten tickte. „Himmlischer Vater!", dachte er. Es war halb sieben Uhr, und die Zeiger gingen ruhig vorwärts, es war halb vorüber, es näherte sich schon dreiviertel. Sollte der Wecker nicht geläutet haben? Man sah vom Bett aus, dass er auf vier Uhr richtig eingestellt war; gewiss hatte er auch geläutet. Ja, aber war es möglich, dieses Möbel erschütternde Läuten ruhig zu verschlafen? Nun, ruhig hatte er ja nicht geschlafen, aber wahrscheinlich desto fester. Was aber sollte er jetzt tun? Der nächste Zug ging um sieben Uhr; um den einzuholen, hätte er sich unsinnig beeilen müssen, und die Kollektion war noch nicht eingepackt, und er selbst fühlte sich nicht besonders beweglich. Und selbst wenn er den Zug einholte, ein Donnerwetter des Chefs war nicht zu vermeiden, denn der Geschäftsdiener hatte beim Fünfuhrzug gewartet und längst Meldung erstattet. Es war eine Kreatur des Chefs, ohne Rückgrat[1] und Verstand. Wenn er sich krank meldete? Das wäre aber verdächtig[2], denn Gregor war während seines fünfjährigen Dienstes noch nicht einmal krank gewesen. Gewiss würde der Chef mit dem Krankenkassenarzt kommen, würde den Eltern Vorwürfe machen und alle Einwände durch den Hinweis auf den Krankenkassenarzt abschneiden, für den es ja überhaupt nur ganz gesunde, aber arbeitsscheue[3] Menschen gibt. Und hätte er übrigens in diesem Falle unrecht? Gregor fühlte sich tatsächlich, abgesehen von einer Schläfrigkeit, ganz wohl und hatte sogar einen besonders kräftigen Hunger.

Als er dies alles eilig überlegte, ohne das Bett zu verlassen – gerade schlug der Wecker dreiviertel sieben – klopfte es vorsichtig an die Tür.

---

[1] **s Rückgrat, e** die Wirbelsäule, aber auch eigener Charakter
[2] **verdächtig** suspekt, dubios
[3] **arbeitsscheu** jmd. der sich vor der Arbeit drückt

Die Verwandlung

„Gregor", rief es – es war die Mutter – , „es ist dreiviertel sieben. Wolltest du nicht wegfahren?" Die sanfte Stimme! Gregor erschrak, als er seine antwortende Stimme hörte, die wohl unverkennbar seine frühere war, in die sich aber ein schmerzliches Piepsen[1] mischte, dass man nicht wusste, ob man recht gehört hatte. Gregor hatte antworten und alles erklären wollen, beschränkte sich aber nun darauf, zu sagen: „Ja, ja, danke Mutter, ich stehe schon auf." Infolge der Holztür war die Veränderung in Gregors Stimme draußen wohl nicht zu merken, denn die Mutter beruhigte sich und schlürfte[2] davon. Aber nun waren die anderen Familienmitglieder darauf aufmerksam geworden, dass Gregor wider Erwarten noch zu Hause war, und schon klopfte an der einen Seitentür der Vater „Gregor, Gregor", rief er, „was ist denn?" Und nach einer kleinen Weile mahnte er nochmals mit tieferer Stimme: „Gregor! Gregor!" An der anderen Seitentür aber klagte leise die Schwester: „Gregor? Ist dir nicht wohl? Brauchst du etwas?" Nach beiden Seiten hin antwortete Gregor: „Bin schon fertig", und bemühte sich, durch die sorgfältigste Aussprache und durch lange Pausen zwischen den einzelnen Worten seiner Stimme alles Auffallende zu nehmen. Der Vater kehrte auch zu seinem Frühstück zurück, die Schwester aber flüsterte: „Gregor, mach auf, ich bitte dich." Gregor aber dachte gar nicht daran aufzumachen, sondern lobte die Vorsicht, auch zu Hause alle Türen während der Nacht zu versperren[3].

Zunächst wollte er ruhig aufstehen, sich anziehen und vor allem frühstücken, und dann erst das Weitere überlegen, denn, das merkte er wohl, im Bett würde er mit dem Nachdenken zu keinem vernünftigen Ende kommen. Er erinnerte sich, schon öfters im Bett

[1] s Piepsen, (nur Sg.) hoher, schwacher Ton
[2] schlürfen langsam gehen, ohne die Füße zu heben
[3] versperren verschließen

irgendeinen leichten Schmerz empfunden zu haben, der sich dann beim Aufstehen als Einbildung[1] herausstellte, und er war gespannt, wie sich seine heutigen Vorstellungen langsam auflösen würden. Dass die Veränderung der Stimme nichts anderes war, als der Vorbote[2] einer tüchtigen Verkühlung, einer Berufskrankheit der Reisenden, daran zweifelte er nicht im Geringsten.

Die Decke abzuwerfen war ganz einfach. Aber alles andere war schwierig, besonders weil er so ungemein breit war. Er hätte Arme und Hände gebraucht, um sich aufzusetzen; statt dessen aber hatte er nur die vielen Beinchen, die ununterbrochen in der verschiedensten Bewegung waren und die er nicht beherrschen konnte. „Sich nur nicht unnütz[3] im Bett aufhalten", sagte sich Gregor.

Zuerst wollte er mit dem unteren Teil seines Körpers aus dem Bett hinauskommen, aber dieser untere Teil, den er übrigens noch nicht gesehen hatte und von dem er sich auch keine rechte Vorstellung machen konnte, erwies sich als schwer beweglich; es ging so langsam; und als er sich schließlich mit gesammelter Kraft vorwärtsstieß, hatte er die Richtung falsch gewählt, schlug an den Bettpfosten heftig an, und der brennende Schmerz, den er empfand[4], belehrte ihn, dass gerade der untere Teil seines Körpers vielleicht der empfindlichste war.

Er versuchte es daher, zuerst den Oberkörper aus dem Bett zu bekommen, und drehte vorsichtig den Kopf dem Bettrand zu. Dies gelang auch leicht, und trotz ihrer Breite und Schwere folgte schließlich die Körpermasse langsam dem Kopf. Aber als er den Kopf endlich außerhalb des Bettes in der freien Luft hielt, bekam er Angst, denn wenn er sich schließlich so fallen ließ, musste ein Wunder geschehen, wenn der Kopf nicht verletzt werden sollte. Und die Besinnung[5] durfte er

---

[1] e **Einbildung, en** das Trugbild, der Wahn, eine Vorstellung
[2] r **Vorbote, n** erstes Anzeichen
[3] **unnütz** nicht notwendig

[4] **empfinden, empfand, hat empfunden** fühlen
[5] e **Besinnung verlieren** ohnmächtig werden, nicht bei Bewusstsein sein

gerade jetzt um keinen Preis verlieren; lieber wollte er im Bett bleiben.

Aber als er so dalag, und seine Beinchen gegeneinander kämpfen sah, sagte er sich wieder, dass er unmöglich im Bett bleiben könne. Gleichzeitig aber vergaß er nicht, sich daran zu erinnern, dass ruhige Überlegung nun wichtig sei. In solchen Augenblicken richtete er die Augen auf das Fenster, aber leider war aus dem Anblick des Morgennebels, der sogar die andere Seite der engen Straße verhüllte, wenig Zuversicht[1] und Munterkeit zu holen. „Schon sieben Uhr", sagte er sich beim neuerlichen Schlagen des Weckers, „schon sieben Uhr und noch immer ein solcher Nebel." Und ein Weilchen lang lag er ruhig mit schwachem Atem, als erwarte er vielleicht von der völligen Stille die Wiederkehr der wirklichen Verhältnisse.

Dann aber sagte er sich: „Ehe es einviertel acht schlägt, muss ich unbedingt das Bett verlassen haben. Bis dahin wird auch jemand aus dem Geschäft kommen, um nach mir zu fragen, denn das Geschäft wird vor sieben Uhr geöffnet." Und er machte sich nun daran, den Körper in seiner ganzen Länge aus dem Bett zu schaukeln. Wenn er sich auf diese Weise aus dem Bett fallen ließ, blieb der Kopf, den er beim Fall scharf heben wollte, voraussichtlich unverletzt. Der Rücken schien hart zu sein; dem würde wohl bei dem Fall auf den Teppich nichts geschehen. Das größte Bedenken machte ihm der laute Krach, den es geben müsste und der wahrscheinlich Besorgnisse erregen würde. Es musste aber gewagt werden.

Als Gregor schon zur Hälfte aus dem Bette ragte – die neue Methode war fast ein Spiel, er brauchte immer nur zu schaukeln –, fiel ihm ein, wie einfach alles wäre, wenn man ihm zu Hilfe käme. Zwei starke Leute – er dachte an seinen Vater und das Dienstmädchen

---

[1] e Zuversicht die Hoffnung

– hätten genügt; sie hätten ihre Arme nur unter seinen gewölbten Rücken schieben und ihn so aus dem Bett holen müssen. Auf dem Fußboden würden die Beinchen hoffentlich dann einen Sinn bekommen. Hätte er wirklich um Hilfe rufen sollen? Trotz aller Not konnte er bei diesem Gedanken ein Lächeln nicht unterdrücken.

Schon war er so weit, dass er bei stärkerem Schaukeln kaum das Gleichgewicht noch erhielt, und sehr bald musste er sich nun endgültig entscheiden, denn es war in fünf Minuten einviertel acht, – als es an der Wohnungstür läutete. „Das ist jemand aus dem Geschäft", sagte er sich und erstarrte fast, während seine Beinchen nur desto eiliger tanzten. Einen Augenblick blieb alles still. „Sie öffnen nicht", sagte sich Gregor, in unsinniger Hoffnung. Aber dann ging natürlich wie immer das Dienstmädchen zur Tür und öffnete. Gregor brauchte nur das erste Grußwort des Besuchers zu hören und wusste schon, wer es war – der Prokurist selbst. Warum war nur Gregor dazu verurteilt, bei einer Firma zu dienen, wo man bei der kleinsten Versäumnis[1] gleich den größten Verdacht fasste? Waren denn alle Angestellten Lumpen[2]? Genügte es wirklich nicht, einen Lehrjungen nachfragen zu lassen – musste da der Prokurist selbst kommen, und musste dadurch der ganzen unschuldigen Familie gezeigt werden, dass die Untersuchung dieser Angelegenheit nur dem Verstand des Prokuristen anvertraut werden konnte? Infolge der Erregung gelang es Gregor, sich mit aller Macht aus dem Bett zu schwingen. Es gab einen lauten Schlag. Ein wenig wurde der Fall durch den Teppich abgeschwächt, auch war der Rücken elastischer, als Gregor gedacht hatte. Nur den Kopf hatte er nicht vorsichtig genug gehalten und ihn angeschlagen; er drehte ihn und rieb ihn an dem Teppich vor Ärger und Schmerz.

---

[1] **s Versäumnis** der Fehler   [2] **r Lump, en** der Bandit oder Ganove, Bösewicht

Lesen & Lernen

1 Lesen Sie die Sätze. Richtig oder falsch? Kreuzen Sie an!

		R	F
Gregor ist ein junger Mann.		☒	☐
1	Er wohnt in einer eigenen Wohnung.	☐	☐
2	Er hat ein Geschäft.	☐	☐
3	Gregor hat eine Schwester.	☐	☐
4	Er ist Weinvertreter von Beruf.	☐	☐
5	Gregor liebt seinen Beruf.	☐	☐
6	Er war noch nie krank geschrieben.	☐	☐
7	Eines Morgens wacht er als Insekt auf.	☐	☐
8	Er ruft sofort Hilfe.	☐	☐

Worte & Wörter

2 Wetter. Bilden Sie die Adjektive.

Heute regnet es. Es ist *regnerisch*____.

1 Heute scheint die Sonne. Es ist _____.

2 Heute weht ein starker Wind. Es ist sehr _____.

3 Heute ziehen viele Wolken am Himmel. Es ist _____.

4 Am Morgen gibt es Nebel. Am Morgen ist es _____.

5 Heute liegen die Temperaturen bei 10 Grad unter Null.
Es ist sehr _____.

6 Morgen gibt es nur wenige Wolken. Es wird _____.

3 Adjektive. Ergänzen Sie die Adjektive in der richtigen Form!

Eines Morgens erwachte Gregor Samsa aus *unruhigen*____
Träumen. (unruhig)

1 Er lag auf seinem _____ Rücken. (hart)

2 Das _____ Wetter machte ihn ganz melancholisch.
(trüb)

3 Er begann einen _____ Schmerz zu fühlen. (leicht)

4 Er hatte sogar einen besonders _____ Hunger.
(kräftig)

5 Er stieß sich mit _____ Kraft vorwärts. (gesammelt)

6 Nur den Kopf hatte er nicht _____ genug gehalten und ihn angeschlagen. (vorsichtig)

ZD Zertifikat Deutsch – Sprechen 1

4 **Sie führen mit einem Partner oder einer Partnerin ein kurzes Gespräch über Ihre Person. Sprechen Sie mit Ihrem Gesprächspartner über folgende Themen:**

- Wie Sie heißen.
- Wo Sie wohnen und wie Sie wohnen. (Wohnung? Haus? Garten? usw.)
- Wo Sie herkommen. (Aus welchem Land? Aus welcher Stadt?)
- Ihre Familie: Wie groß? Geschwister? usw.
- Sprachen: Welche sprechen Sie? Wie lange haben Sie Deutsch gelernt? Warum?
- In welchen Ländern waren Sie schon? Warum?
- Was Sie machen: Welchen Beruf? Welches Studium? Welche Schule?

Vor dem Lesen

5 **Reisen. Lesen Sie die Begriffe in der Tabelle. Wählen Sie fünf Wörter aus und berichten Sie von einer besonderen Reise!**

Reise	Abenteuer	Luxushotel	fremd	abfahren
ankommen	Schnellzug	Mitreisende	Schiff	übernachten
kleine Pension	unbekannt	Landschaft	fliegen	Freunde
Insel	umsteigen	aufregend	Gastfreundschaft	Berge
Meer	allein	Familie	Sehnsucht	wandern
Natur	Fahrrad	exotische Gerichte	Campingplatz	Zimmer
per Anhalter	Land	Fest	fahren	sonnig
sonderbar	Bahnhof	Verspätung	Dauerregen	Begegnung

Einmal war ich _____

_____

Kapitel 2

Der Prokurist

„Da drin ist etwas gefallen", sagte der Prokurist[1] im Nebenzimmer. Gregor versuchte sich vorzustellen, ob nicht auch dem Prokuristen etwas Ähnliches passieren könnte, wie heute ihm. Aber wie zur Antwort auf diese Frage machte jetzt der Prokurist im Nebenzimmer ein paar Schritte mit seinen Lackstiefeln. Aus dem Nebenzimmer rechts flüsterte[2] die Schwester zu Gregor: „Gregor, der Prokurist ist da."

„Gregor", sagte nun der Vater aus dem Nebenzimmer links, „der Herr Prokurist ist gekommen und erkundigt sich[3], warum du nicht mit dem Frühzug weggefahren bist. Wir wissen nicht, was wir ihm sagen sollen. Er will auch mit dir persönlich sprechen. Also bitte mach die Tür auf."

„Guten Morgen, Herr Samsa", rief der Prokurist freundlich. „Ihm ist nicht wohl", sagte die Mutter zum Prokuristen, während der Vater noch an der Tür redete, „glauben Sie mir, Herr Prokurist. Wie würde denn Gregor sonst einen Zug versäumen[4]! Der Junge hat ja nur das Geschäft im Kopf. Ich ärgere mich, dass er abends niemals ausgeht; jetzt war er doch acht Tage in der Stadt, aber jeden Abend war er zu Hause. Da sitzt er bei uns am Tisch und liest die Zeitung oder studiert Fahrpläne. Es ist schon eine Zerstreuung[5] für ihn, wenn er

---

[1] **der Prokurist** Inhaber einer Vollmacht für alle Rechtsgeschäfte einer Firma
[2] **flüstern** leise sprechen
[3] **sich nach etwas oder jmdm. erkundigen** sich informieren
[4] **etwas versäumen** verpassen
[5] **e Zerstreuung, en** Unterhaltung oder Ablenkung

sich mit Sägearbeiten beschäftigt. Da hat er zum Beispiel in zwei, drei Abenden einen kleinen Rahmen geschnitzt[1]. Sie werden staunen, wie hübsch er ist; er hängt im Zimmer. Sie werden ihn gleich sehen, wenn Gregor öffnet. Ich bin übrigens glücklich, dass Sie da sind, Herr Prokurist; wir allein hätten Gregor nie überzeugt, die Tür zu öffnen; bestimmt ist ihm nicht wohl."

„Ich komme gleich", sagte Gregor langsam und rührte sich nicht, um kein Wort zu verlieren. „Anders, gnädige Frau[2], kann ich es mir auch nicht erklären", sagte der Prokurist, „hoffentlich ist es nichts Ernstes. Wenn ich auch andererseits sagen muss, dass wir Geschäftsleute ein Unwohlsein sehr oft im Interesse des Geschäfts einfach überwinden müssen." „Also kann der Herr Prokurist zu dir hinein?", fragte der ungeduldige Vater und klopfte wieder an die Tür. „Nein", sagte Gregor. Im Nebenzimmer rechts begann die Schwester zu schluchzen[3].

Warum ging denn die Schwester nicht zu den anderen? Sie war wohl erst jetzt aufgestanden und hatte sich noch gar nicht angezogen. Und warum weinte sie denn? Weil er nicht aufstand und den Prokuristen nicht hereinließ, weil er in Gefahr war, den Posten zu verlieren und weil dann der Chef die Eltern mit den alten Forderungen verfolgen würde? Das waren doch vorläufig[4] unnötige Sorgen. Noch war Gregor hier und dachte nicht daran, seine Familie zu verlassen. Augenblicklich lag er auf dem Teppich, und niemand, der seinen Zustand kannte, hätte im Ernst von ihm verlangt, dass er den Prokuristen hereinlasse. Aber wegen dieser kleinen Unhöflichkeit konnte man Gregor doch nicht sofort wegschicken. Und Gregor schien es, dass es viel vernünftiger wäre, ihn jetzt in Ruhe zu lassen.

---

[1] **schnitzen** Holz mit einem Messer bearbeiten
[2] **Gnädige Frau!** ehem. höfliche Anrede
[3] **schluchzen** weinen
[4] **vorläufig** nicht endgültig

Franz Kafka

„Herr Samsa", rief nun der Prokurist mit lauter Stimme, „was ist denn los? Sie verbarrikadieren sich da in Ihrem Zimmer, antworten bloß mit ja und nein, machen Ihren Eltern Sorgen und versäumen Ihre geschäftliche Pflichten. Ich spreche hier im Namen Ihrer Eltern und Ihres Chefs und bitte Sie ganz ernsthaft um eine Erklärung. Ich staune. Ich glaubte Sie als einen vernünftigen Menschen zu kennen, und nun haben Sie plötzlich sonderbare Launen. Der Chef deutete mir zwar heute früh eine Erklärung für Ihre Versäumnisse an[1] – er sprach vom Inkasso, für das Sie verantwortlich sind – aber ich legte fast mein Ehrenwort[2] dafür ein, dass diese Erklärung nicht wahr sein könne. Nun aber sehe ich hier Ihren unbegreiflichen Starrsinn[3] und verliere jede Lust, mich auch für Sie einzusetzen[4]. Und Ihre Stellung ist nicht die festeste. Ich hatte ursprünglich die Absicht[5], Ihnen das alles unter vier Augen zu sagen. Ihre Leistungen in der letzten Zeit waren sehr unbefriedigend, Herr Samsa."

„Aber Herr Prokurist", rief Gregor außer sich und vergaß alles andere, „ich mache ja sofort auf. Ein leichtes Unwohlsein ist es nur. Ich liege noch im Bett. Jetzt bin ich aber schon wieder ganz frisch. Eben steige ich aus dem Bett. Nur einen kleinen Augenblick Geduld! Es geht noch nicht so gut; wie ich dachte. Es ist mir aber schon wohl. Herr Prokurist! Schonen[6] Sie meine Eltern! Für alle Vorwürfe, die Sie mir jetzt machen, ist ja kein Grund; man hat mir ja davon auch kein Wort gesagt. Sie haben vielleicht die letzten Aufträge noch nicht gelesen. Übrigens, noch mit dem Achtuhrzug fahre ich auf die Reise. Herr Prokurist; ich bin gleich selbst im Geschäft, und haben Sie die Güte, das schon zu sagen und mich dem Herrn Chef zu empfehlen!"

Und während Gregor dies alles hastig[7] ausstieß, hatte er sich leicht

---

[1] etwas andeuten nur einen Hinweis auf etwas geben
[2] s Ehrenwort,e das Versprechen, die Zusicherung
[3] r Starrsinn (nur Sg.) der Eigensinn, die Rechthaberei
[4] sich für jmdn. einsetzen sich bemühen, sich anstrengen, kämpfen für jmdn.
[5] e Absicht, en die Intention
[6] jmdn. schonen behutsam behandeln, pflegen
[7] hastig schnell

dem Kasten genähert und versuchte nun, sich an ihm aufzurichten[1]. Er wollte tatsächlich die Tür aufmachen, sich sehen lassen und mit dem Prokuristen sprechen; er wollte erfahren, was die anderen bei seinem Anblick sagen würden. Würden sie erschrecken, dann hatte Gregor keine Verantwortung mehr und konnte ruhig sein. Würden sie aber alles ruhig hinnehmen, dann hatte auch er keinen Grund sich aufzuregen, und konnte, wenn er sich beeilte, um acht Uhr tatsächlich auf dem Bahnhof sein.

Zuerst glitt er von dem glatten Kasten ab, aber endlich gab er sich einen letzten Schwung und stand aufrecht da; auf die Schmerzen im Unterleib[2] achtete er gar nicht mehr. Nun ließ er sich gegen die Rückenlehne[3] eines Stuhles fallen, an deren Rändern er sich mit seinen Beinchen festhielt. Nun konnte er den Prokuristen anhören.

„Haben Sie auch nur ein Wort verstanden?", fragte der Prokurist die Eltern, „er macht sich doch wohl nicht einen Narren[4] aus uns?" „Um Gottes willen", rief die Mutter weinend, „er ist vielleicht schwer krank, und wir quälen ihn. Grete! Grete!", schrie sie dann. „Mutter?", rief die Schwester von der anderen Seite. „Du musst sofort zum Arzt. Gregor ist krank. Rasch, den Arzt. Hast du Gregor jetzt reden hören?" „Das war eine Tierstimme", sagte der Prokurist leise.

„Anna! Anna!", rief der Vater in die Küche und klatschte in die Hände. „Geh sofort einen Schlosser[5] holen!" Und schon liefen die zwei Mädchen durch das Vorzimmer – wie hatte sich die Schwester denn so schnell angezogen? – und rissen die Wohnungstür auf. Man hörte die Tür nicht zuschlagen; sie hatten sie wohl offen gelassen, wie es in Wohnungen zu sein pflegt, in denen ein großes Unglück geschehen ist.

Gregor war aber viel ruhiger geworden. Man verstand also seine

[1] **sich aufrichten** sich (gerade) hinstellen
[2] **r Unterleib, er** der untere Teil des Körpers
[3] **e Rückenlehne, n** hinterer, oberer Teil des Stuhls
[4] **sich einen Narren aus jmdm. machen** jmdn. nicht ernst nehmen, einen Scherz machen
[5] **r Schlosser,-** Beruf, kümmert sich um Schlüssel und Schlösser

Worte nicht mehr, trotzdem sie ihm klar schienen. Aber immerhin glaubte man nun, dass mit ihm nicht alles in Ordnung war, und war bereit, ihm zu helfen. Die Sicherheit, mit welcher die ersten Anordnungen getroffen worden waren, tat ihm gut. Er fühlte sich wieder einbezogen[1] in den menschlichen Kreis und erhoffte vom Arzt und vom Schlosser große Leistungen. Um für die Besprechung eine möglichst klare Stimme zu bekommen, hustete er ein wenig, allerdings leise, da möglicherweise auch schon dieses Geräusch anders als menschlicher Husten klang, was er selbst zu entscheiden sich nicht mehr getraute[2]. Im Nebenzimmer war es inzwischen ganz still. Vielleicht saßen die Eltern mit dem Prokuristen beim Tisch und tuschelten[3], vielleicht lehnten alle an der Türe und horchten[4].

Gregor schob sich langsam mit dem Sessel zur Tür, ließ ihn dort los, warf sich gegen die Tür, hielt sich an ihr aufrecht – die Ballen seiner Beinchen hatten ein wenig Klebstoff – und ruhte sich dort einen Augenblick lang aus. Dann aber machte er sich daran, mit dem Mund den Schlüssel umzudrehen. Es schien leider, dass er keine Zähne hatte, – womit sollte er den Schlüssel fassen? – aber dafür waren die Kiefer[5] sehr stark; mit ihrer Hilfe bewegte er auch wirklich den Schlüssel und achtete nicht darauf, dass er sich Schaden zufügte, denn eine braune Flüssigkeit kam ihm aus dem Mund, floss über den Schlüssel und tropfte auf den Boden.

„Hören Sie nur", sagte der Prokurist im Nebenzimmer, „er dreht den Schlüssel um." Das war für Gregor eine große Aufmunterung[6]; aber alle hätten ihm zurufen sollen, auch der Vater und die Mutter: „Frisch, Gregor", hätten sie rufen sollen, „immer nur fest an das Schloss heran!" Und in der Vorstellung, dass alle seine Bemühungen

---

[1] jmdn. einbeziehen, bezieht ein, bezog ein, hat einbezogen jmdn. involvieren, mitmachen lassen
[2] sich etwas getrauen den Mut zu etwas haben
[3] tuscheln flüstern, leise miteinander sprechen
[4] horchen hören, lauschen, mithören
[5] r Kiefer, - Mundknochen, in dem sich die Zahnwurzeln befinden
[6] e Aufmunterung, en jmdm. Mut zusprechen

verfolgten, verbiss er sich mit aller Kraft, die er aufbringen konnte, in den Schlüssel. Der hellere Klang des Schlosses erweckte Gregor. Aufatmend sagte er sich: „Ich habe also den Schlosser nicht gebraucht", und legte den Kopf auf die Klinke[1], um die Türe gänzlich zu öffnen.

Da er die Türe auf diese Weise öffnen musste, war sie schon geöffnet und er selbst noch nicht zu sehen. Er musste sich erst langsam herumdrehen, wenn er nicht auf den Rücken fallen wollte. Er war noch mit jener schwierigen Bewegung beschäftigt, da hörte er schon den Prokuristen ein lautes „Oh!" ausstoßen – und nun sah er ihn auch, wie er, der der Nächste an der Türe war, die Hand gegen den offenen Mund drückte und langsam zurückwich[2], als vertreibe ihn eine unsichtbare Kraft. Die Mutter – sie stand hier trotz der Anwesenheit des Prokuristen mit von der Nacht her noch aufgelösten Haaren – sah zuerst den Vater an, ging dann zwei Schritte zu Gregor hin und fiel nieder. Der Vater ballte mit feindseligem Ausdruck die Faust[3], als wolle er Gregor in sein Zimmer zurückstoßen, sah sich dann unsicher im Wohnzimmer um und weinte, dass sich seine Brust schüttelte.

Gregor trat nun gar nicht in das Zimmer, so dass sein Leib[4] nur zur Hälfte und der Kopf zu sehen war, mit dem er zu den anderen hinüber lugte[5]. Es war inzwischen viel heller geworden; klar stand auf der anderen Straßenseite das gegenüber liegende grauschwarze Haus – es war ein Krankenhaus; der Regen fiel noch nieder, aber nur mit großen, einzeln sichtbaren Tropfen. Das Frühstücksgeschirr stand auf dem Tisch, denn für den Vater war das Frühstück die wichtigste Mahlzeit des Tages, die er bei der Lektüre verschiedener Zeitungen stundenlang hinzog. Gerade an der gegenüberliegenden Wand hing

---

[1] **e Klinke, n** der Türdrücker
[2] **zurückweichen, wich zurück, ist zurückgewichen** langsam rückwärts gehen
[3] **e Faust,"e ballen** die Hand schließen
[4] **r Leib, er** der Körper oder der Torso
[5] **lugen** vorsichtig, heimlich gucken oder sehen

eine Fotografie Gregors aus seiner Militärzeit, die ihn als Leutnant darstellte, die Hand am Degen[1], sorglos lächelnd in Uniform. Die Tür zum Vorzimmer war geöffnet, und man sah auf die abwärts führenden Treppe.

„Nun", sagte Gregor und war sich bewusst, dass er der einzige war, der die Ruhe bewahrt hatte, „ich werde mich gleich anziehen, die Kollektion zusammenpacken und wegfahren. Wollt Ihr mich wegfahren lassen? Nun, Herr Prokurist, Sie sehen, ich bin nicht starrköpfig und ich arbeite gern; das Reisen ist beschwerlich, aber ich könnte ohne das Reisen nicht leben. Wohin gehen Sie denn, Herr Prokurist? Ins Geschäft? Ja? Werden Sie alles wahrheitsgetreu[2] berichten? Ich bin dem Herrn Chef sehr verpflichtet[3], das wissen Sie doch. Andererseits habe ich Sorge um meine Eltern und die Schwester. Ich bin in der Klemme[4]. Machen Sie es mir nicht schwer. Halten Sie im Geschäft meine Partei! Man liebt den Reisenden nicht, ich weiß. Man denkt, er verdient ein Heidengeld[5] und führt ein schönes Leben. Sie aber, Herr Prokurist, Sie haben einen besseren Überblick, besser sogar als der Herr Chef. Sie wissen auch, dass der Reisende, der fast das ganze Jahr außerhalb des Geschäfts ist, so leicht Opfer von Klatsch[6] und grundlosen Beschwerden werden kann, gegen die er sich nicht wehren kann, da er von ihnen meistens gar nichts erfährt. Herr Prokurist, gehen Sie nicht weg, ohne mir ein Wort zu sagen, das mir zeigt, dass Sie mir wenigstens zum Teil Recht geben!"

[1] **r Degen, -** Waffe, langes Schwert
[2] **wahrheitsgetreu** der Realität entsprechend
[3] **jmdm. verpflichtet sein** jmdm. etwas schuldig sein
[4] **in der Klemme sein** in Schwierigkeiten sein
[5] **s Heidengeld** (nur Sg.) sehr, sehr viel Geld
[6] **r Klatsch** (nur Sg.) das Gerede, der Tratsch (oft negativ)

Lesen & Lernen

1 Wie steht es im Text? A, B oder C? Kreuzen Sie an!

Der Prokurist trägt ...

A ☐ Hausschuhe.   **C** ☒ Stiefel.
B ☐ Sandalen.

1 Gregor ist ... weggefahren.

A ☐ mit dem Frühzug.   **C** ☐ mit dem Spätzug.
B ☐ nicht mit dem Frühzug

2 Der Prokurist meint, dass Geschäftsleute ...

A ☐ oft krank sind.   **C** ☐ nie krank sind.
B ☐ Krankheiten überwinden
müssen.

3 Gregors Chef ist ... mit Gregors Arbeit.

A ☐ sehr zufrieden.   **C** ☐ allgemein sehr unzufrieden.
B ☐ im Moment nicht zufrieden.

4 Gregor bittet den Prokuristen darum, ...

A ☐ seine Eltern zu schonen.   **C** ☐ einen Eltern nichts
B ☐ seine Eltern nicht mehr   zu erzählen.
zu besuchen.

Worte & Wörter

**2 Reisen. Verbinden Sie die Wortgruppen mit den richtigen
Verben!**

am Bahnhof ———————— **a** aussteigen
1 den Frühzug   **b** kaufen
2 im Hotel   **c** nehmen
3 den Anschluss   **d** übernachten
4 die Fahrkarte   **e** verpassen

ZD Zertifikat Deutsch – Lesen 1

3 **Lesen Sie die folgenden vier Aussagen zum Thema Reisen. Lesen Sie dann die vier Texte und entscheiden Sie: Welcher Text (A-D) passt am besten zu welcher Aussage (1-4)?**

1 Die Hobbymalerin Karin möchte einen Urlaub in den Bergen mit ihrem Hobby verbinden.	
2 Petra und Ihr Freund Thorsten möchten sich an der spanischen Küste erholen.	
3 Das Ehepaar Koschwitz träumt schon seit langem von einer Kreuzfahrt.	
4 Familie Moll möchte nach Südtirol fahren.	

Text A

Sonne garantiert. Maritim Hotel an der Costa Brava. Flug, Direkttransfer von und zum Flughafen. 7 Übernachtungen im Superior Doppelzimmer. Frühstück à la carte. Ab 721,00 Euro p.P./ÜF/DZ. Tel:: 01802/324433. www.maritim.com.

Text B

****Vier Jahreszeiten. Relax und Erholung. Kommen Sie auf die Alpensüdseite. Sonnensicher und warm. Ideal zum Wandern. Genießen Sie das Ambiente und eine Gourmet-Küche in un-

serem First-Class-Hotel. Fam. Hofer, in Schlanders bei Meran, info@vierjahreszeiten.com.

Text C

AROSA. Lust auf Schiff. Herbstpreise um 500,00 Euro reduziert. Im Herbst auf den Routen: Türkei und Schwarzes Meer, Ägypten, Südseeinseln.

Text D

Wandern & Malen in den Bergen. Inklusiv-Angebot im Herbst. Komfortable Zimmer, Hallenbad, Sauna, Wanderungen und Malkurs im Kunst-Hotel Kathrin. www.kunsthotel.at.

Vor dem Lesen

4 **Ordnen Sie den Definitionen die Wörter aus dem Kasten zu!**

> die Stimmung • das Kanapee • der Kiefer
> die Verletzung • die Abenddämmerung

Gemütslage oder Laune: ____*die Stimmung*____.

1 Teil des Kopfes, Knochen: _____.

2 das Sofa oder die Couch: _____.

3 Tageszeit, an der die Sonne untergeht: _____.

4 Wunde, Kratzer: _____.

Kapitel 3

Gregors Sorgen um die Zukunft

▶ 3 Aber der Prokurist hatte sich sofort abgewendet[1], und nur über die Schulter sah er zu Gregor zurück. Und während Gregors Rede stand er keinen Augenblick still, sondern ging, ohne Gregor aus den Augen zu lassen, ganz allmählich zur Tür. Schon war er im Vorzimmer, und mit einer plötzlichen Bewegung lief er aus dem Wohnzimmer. Gregor sah ein, dass er den Prokuristen in dieser Stimmung auf keinen Fall weggehen lassen dürfe, wenn dadurch seine Stellung im Geschäft nicht gefährdet werden sollte. Die Eltern verstanden das alles nicht so gut; sie hatten sich in den langen Jahren die Überzeugung gebildet, dass Gregor dort für immer versorgt war, und hatten außerdem jetzt mit den augenblicklichen Sorgen so viel zu tun, dass ihnen jedes Verständnis dafür abhanden gekommen[2] war. Aber Gregor hatte es. Der Prokurist musste aufgehalten, beruhigt und schließlich überzeugt werden; die Zukunft Gregors und seiner Familie hing davon ab! Wäre doch die Schwester hier gewesen! Sie war klug; sie hatte schon geweint, als Gregor noch ruhig auf dem Rücken lag. Und gewiss hätte der Prokurist, dieser Damenfreund, sich von ihr lenken lassen; sie hätte die Wohnungstür zugemacht und ihm den Schrecken ausgeredet[3]. Aber die Schwester war nicht da, Gregor selbst musste handeln.

---

[1] **sich abwenden** sich wegdrehen
[2] **jmdm. etwas abhanden kommen, kam, ist gekommen** etwas verlieren

[3] **jmdm. etwas ausreden** jmdn. zurückhalten, etwas abraten, zu Bedenken geben

Die Verwandlung

Und ohne daran zu denken, dass er seine gegenwärtigen Fähigkeiten, sich zu bewegen, noch gar nicht kannte, ohne auch daran zu denken, dass seine Rede wahrscheinlich wieder nicht verstanden worden war, verließ er den Türflügel; schob sich durch die Öffnung; wollte zum Prokuristen hingehen, der sich schon lächerlicherweise am Geländer[1] mit beiden Händen festhielt; fiel aber sofort auf seine vielen Beinchen nieder. Kaum war das geschehen, fühlte er zum ersten Mal an diesem Morgen ein körperliches Wohlbehagen; die Beinchen hatten festen Boden unter sich; sie gehorchten, wie er freudig merkte; wollten ihn forttragen, und schon glaubte er, alles werde gut. Aber im gleichen Augenblick, als er gar nicht weit von seiner Mutter auf dem Boden lag, sprang diese, die doch so ruhig schien, mit einem Male in die Höhe, die Arme weit ausgestreckt, rief: „Hilfe, um Gottes Willen Hilfe!", lief zurück; hatte aber vergessen, dass hinter ihr der gedeckte Tisch stand; setzte sich, als sie bei ihm angekommen war, und schien gar nicht zu merken, dass neben ihr aus der umgeworfenen großen Kanne sich der Kaffee auf den Teppich ergoss.

„Mutter, Mutter", sagte Gregor leise, und sah zu ihr hinauf. Der Prokurist war für einen Augenblick ganz vergessen; dagegen musste er beim Anblick des fließenden Kaffees mehrmals mit den Kiefern ins Leere schnappen[2]. Darüber schrie die Mutter neuerdings[3] auf, flüchtete vom Tisch und fiel dem Vater in die Arme. Aber Gregor hatte jetzt keine Zeit für seine Eltern; der Prokurist war schon auf der Treppe; die Hand auf dem Geländer, sah er noch zum letzten Male zurück. Gregor nahm einen Anlauf[4], um ihn einzuholen; der Prokurist machte einen Sprung über mehrere Stufen und verschwand; „Huh!" aber schrie er noch, es klang durchs ganze Treppenhaus. Leider schien

---

[1] s Geländer, „ die Balustrade, Holzschiene zum Festhalten an Treppen
[2] schnappen beißen, packen
[3] neuerdings seit Kurzem
[4] Anlauf nehmen, nimmt, nahm, hat genommen Schwung holen, laufen, rennen

nun auch diese Flucht des Prokuristen den Vater, der bisher relativ gefasst war, völlig zu verwirren, denn statt selbst dem Prokuristen nachzulaufen, packte er mit der Rechten den Stock des Prokuristen, den dieser mit Hut und Überzieher[1] auf einem Sessel zurückgelassen hatte, holte mit der Linken eine große Zeitung vom Tisch und machte sich unter Füßestampfen daran, Gregor durch Schwenken des Stockes und der Zeitung in sein Zimmer zurückzutreiben. Kein Bitten Gregors half, es wurde auch nicht verstanden, er konnte den Kopf noch so demütig[2] drehen, der Vater stampfte nur stärker mit den Füßen. Drüben hatte die Mutter trotz des kühlen Wetters ein Fenster aufgerissen, und lehnte sich hinaus. Es entstand eine starke Zugluft[3], die Fenstervorhänge flogen auf, die Zeitungen auf dem Tisch rauschten, einzelne Blätter wehten über den Boden hin. Unerbittlich[4] drängte der Vater und zischte[5] wie ein Wilder. Nun hatte aber Gregor noch keine Übung im Rückwärtsgehen, es ging wirklich sehr langsam. Wenn sich Gregor nur hätte umdrehen dürfen, er wäre gleich in seinem Zimmer gewesen, aber er fürchtete den Vater, und jeden Augenblick drohte ihm von dem Stock in des Vaters Hand der tödliche Schlag auf den Rücken oder auf den Kopf. Endlich aber blieb Gregor doch nichts anderes übrig, und so drehte er sich sehr langsam um. Vielleicht merkte der Vater seinen guten Willen, denn er störte ihn nicht, sondern dirigierte ihn sogar mit der Spitze seines Stockes. Wenn nur nicht dieses unerträgliche Zischen des Vaters gewesen wäre! Als er endlich glücklich mit dem Kopf vor der Türöffnung war, zeigte es sich, dass sein Körper zu breit war, um durchzukommen. Dem Vater fiel es natürlich auch nicht ein, den anderen Türflügel zu öffnen, um für Gregor einen Durchgang zu schaffen. Seine fixe Idee[6]

---

[1] r Überzieher, der Mantel
[2] demütig geduldig, ergeben
[3] e Zugluft, "e frische, kalte Luft, Wind
[4] unerbittlich ohne Gnade, unaufhaltsam
[5] zischen Geräusch mit der Zunge, fauchen
[6] e fixe Idee, n verrückt, ohne Grundlage

war bloß, dass Gregor so rasch als möglich in sein Zimmer müsse. Er trieb, als gäbe es kein Hindernis, Gregor jetzt laut vorwärts; nun gab es wirklich keinen Spaß mehr, und Gregor drängte sich in die Tür. Die eine Seite seines Körpers hob sich, er lag schief in der Türöffnung, seine Flanke[1] war ganz wund, an der weißen Tür blieben hässliche Flecken, bald steckte er fest, die Beinchen auf der einen Seite hingen in der Luft, die auf der anderen waren schmerzhaft zu Boden gedrückt – da gab ihm der Vater von hinten einen starken Stoß, und er flog, heftig blutend, weit in sein Zimmer hinein. Die Tür wurde noch mit dem Stock zugeschlagen, dann war es endlich still.

Erst in der Abenddämmerung erwachte Gregor aus seinem schweren Schlaf. Er wäre gewiss nicht viel später auch ohne Störung erwacht, denn er fühlte sich ausgeschlafen, doch schien es ihm, als hätte ihn ein Schritt und ein vorsichtiges Schließen der Tür geweckt. Der Schein der Straßenlampen lag auf der Zimmerdecke, aber unten bei Gregor war es finster. Langsam schob er sich, noch ungeschickt mit seinen Fühlern[2] tastend, die er erst jetzt schätzen[3] lernte, zur Tür, um nachzusehen, was dort geschehen war. Seine linke Seite schien eine einzige lange Narbe[4] und er musste auf seinen zwei Beinreihen regelrecht hinken[5]. Ein Beinchen war schwer verletzt worden. Erst bei der Tür merkte er, was ihn dorthin eigentlich gelockt hatte; es war der Geruch von etwas Essbarem. Denn dort stand ein Napf[6] mit süßer Milch, in der kleine Schnitten von Weißbrot schwammen. Fast hätte er vor Freude gelacht, denn er hatte noch größeren Hunger, als am Morgen, und gleich tauchte er seinen Kopf fast bis über die Augen in die Milch hinein. Aber bald zog er ihn enttäuscht wieder zurück; nicht nur, dass ihm das Essen wegen seiner linken Seite

---

[1] **e Flanke, n** die Seite
[2] **r Fühler, -** Körperteil eines Insektes, am Kopf, dient dem Tastsinn
[3] **schätzen** etwas anerkennen, hoch achten
[4] **e Narbe, n** verheilte Wunde, Wundmal
[5] **hinken** humpeln, ein Bein nachziehen
[6] **r Napf, "e** Schale aus Metall

Schwierigkeiten machte, so schmeckte ihm überdies die Milch, die sein Lieblingsgetränk war, gar nicht, ja er wandte sich mit Widerwillen vom Napf ab und kroch in die Zimmermitte zurück. Im Wohnzimmer war, wie Gregor durch die Türspalte sah, das Gas angezündet, aber während sonst zu dieser Tageszeit der Vater seine Zeitung der Mutter und manchmal auch der Schwester vorzulesen pflegte, hörte man jetzt keinen Laut. Auch ringsherum war es so still, trotzdem doch gewiss die Wohnung nicht leer war. „Was für ein stilles Leben die Familie doch führte", sagte sich Gregor und fühlte, während er ins Dunkle sah, einen großen Stolz darüber, dass er seinen Eltern und seiner Schwester ein solches Leben in einer so schönen Wohnung hatte verschaffen[1] können. Wie aber, wenn jetzt alle Ruhe, aller Wohlstand[2], alle Zufriedenheit ein Ende nehmen sollte? Um sich nicht in Gedanken zu verlieren, setzte sich Gregor lieber in Bewegung und kroch[3] im Zimmer auf und ab.

Einmal während des langen Abends wurde die Tür geöffnet und rasch wieder geschlossen; jemand wollte vielleicht hereinkommen, traute sich aber dann nicht. Gregor machte nun bei der Wohnzimmertür halt, entschlossen, den zögernden Besucher doch irgendwie hereinzubringen oder doch wenigstens zu erfahren, wer es sei; aber nun wurde die Tür nicht mehr geöffnet und Gregor wartete vergebens[4]. Früh, als die Türen versperrt[5] waren, wollten alle zu ihm hereinkommen, jetzt, da die Türen geöffnet waren, kam keiner mehr, und die Schlüssel steckten nun auch von außen.

Spät erst in der Nacht wurde das Licht im Wohnzimmer gelöscht; die Eltern und die Schwester waren so lange wachgeblieben, denn wie man genau hörte, entfernten sich jetzt alle drei auf Zehenspitzen.

---

[1] **jmdm. etwas verschaffen** besorgen
[2] **r Wohlstand** (nur Sg.) der Reichtum, gut gestellt sein
[3] **kriechen, kroch, gekrochen** sich langsam horizontal auf der Erde bewegen, krabbeln
[4] **vergebens** umsonst
[5] **versperrt** zugeschlossen

Nun kam gewiss bis zum Morgen niemand mehr zu Gregor herein; er hatte also eine lange Zeit, um ungestört zu überlegen, wie er sein Leben jetzt neu ordnen sollte. Aber das hohe freie Zimmer, in dem er flach auf dem Boden liegen musste, ängstigte ihn, ohne dass er wusste, warum, denn es war ja seit fünf Jahren sein Zimmer – und nicht ohne eine leichte Scham[1] eilte er unter das Kanapee, wo er sich, trotzdem er sehr beengt war, gleich sehr behaglich[2] fühlte und nur bedauerte, dass sein Körper zu breit war, um vollständig unter dem Kanapee untergebracht zu werden. Dort blieb er die ganze Nacht, die er zum Teil im Halbschlaf, aus dem ihn der Hunger immer wieder aufschreckte, verbrachte, zum Teil aber in Sorgen. Er entschied, sich vorläufig[3] ruhig zu verhalten und durch Geduld der Familie die Unannehmlichkeiten[4] erträglich zu machen. Schon am frühen Morgen, es war fast noch Nacht, konnte Gregor die eben gefassten Entschlüsse prüfen, denn die Schwester öffnete, fast völlig angezogen, die Tür und sah mit Spannung herein. Sie fand ihn nicht gleich, aber als sie ihn unter dem Kanapee bemerkte – Gott, er musste doch irgendwo sein, er hatte doch nicht wegfliegen können – erschrak sie so sehr, dass sie die Tür von außen wieder zuschlug. Aber als bereue[5] sie ihr Benehmen, öffnete sie die Tür sofort wieder und trat, als sei sie bei einem Schwerkranken, auf den Fußspitzen herein. Gregor beobachtete sie. Ob sie wohl bemerken würde, dass er die Milch stehen gelassen hatte, und ob sie eine andere Speise hereinbringen würde, die ihm besser schmeckte? Täte sie es nicht, wollte er lieber verhungern[6], als sie darauf aufmerksam machen, trotzdem er am liebsten unterm Kanapee hervorkäme und sich der Schwester zu Füßen würfe, um sie um etwas Gutes zum Essen zu bitten. Aber die

---

[1] **e Scham** (nur Sg.) die Reue, sich genieren
[2] **behaglich** gemütlich, wohl
[3] **vorläufig** gegenwärtig, momentan
[4] **e Unannehmlichkeit** en der Ärger, die Komplikation
[5] **bereuen** Leid tun
[6] **verhungern** an Essensmangel sterben

Schwester bemerkte sofort den noch vollen Napf, sie hob ihn auf, zwar nicht mit den Händen, sondern mit einem Fetzen[1], und trug ihn hinaus. Gregor war äußerst neugierig, was sie bringen würde. Niemals aber hätte er erraten können, was die Schwester in ihrer Güte wirklich tat. Sie brachte ihm, um seinen Geschmack zu prüfen, eine ganze Auswahl, alles auf einer alten Zeitung ausgebreitet. Da war altes halbverfaultes[2] Gemüse; Knochen vom Nachtmahl[3] her, mit einer weißen Sauce; ein paar Rosinen und Mandeln; ein Käse, den Gregor vor zwei Tagen für ungenießbar[4] erklärt hatte; ein trockenes Brot, ein mit Butter beschmiertes und gesalzenes Brot. Außerdem stellte sie den wahrscheinlich für Gregor bestimmten Napf hin, in den sie Wasser gegossen hatte. Und aus Zartgefühl[5], da sie wusste, dass Gregor vor ihr nicht essen würde, entfernte sich und drehte sogar den Schlüssel um, damit Gregor es sich behaglich konnte. Gregors Beinchen schwirrten[6], als es jetzt zum Essen ging. Seine Wunden mussten übrigens schon geheilt sein, er staunte darüber und dachte daran, wie er vor einem Monat sich mit dem Messer ganz wenig in den Finger geschnitten, und wie ihm diese Wunde noch vorgestern weh getan hatte.

---

[1] **r Fetzen, -** ein Stück alter Stoff, Lappen
[2] **halbverfault** Gegenteil von frisch
[3] **s Nachtmahl, e** das Abendessen

[4] **ungenießbar** nicht essbar
[5] **s Zartgefühl** (nur Sg.) das Mitgefühl, die Empfindsamkeit
[6] **schwirren** hier: stürmen, flitzen, rennen

AUFGABEN

Lesen & Lernen

1 **Wie reagieren Gregors Familienmitglieder auf die Verwandlung? Ergänzen Sie!**

	Gefühlsausdrücke und Handlungen
der Vater	*ist verärgert, ballt die Faust*
die Mutter	
Grete	

Worte & Wörter

2 **Was machen die Tiere? Ordnen Sie die Verben aus dem Kasten den Tieren zu!**

Bewegung: kriechen • rennen • fliegen • schwimmen • springen
klettern • krabbeln • schleichen

der Käfer ___*kriecht*___, **4** der Delfin _____,

1 der Gepard _____, **5** der Vogel _____,

2 der Affe _____, **6** das Känguru _____,

3 die Schlange _____, **7** die Spinne _____.

Sätze & Strukturen

3 **Passiv. Bilden Sie das Passiv in der richtigen Zeitform!**

Jemand gefährdet seine Stelle im Geschäft.
Seine Stelle im Geschäft wird gefährdet.

1 Man musste den Prokuristen aufhalten.

_____

2 Der Mechaniker hat das Auto repariert.

_____

3 Man stellte ihm einen Napf hin.

_____

4 Der Lehrer erklärte den Schülern das Beispiel.

_____

4 **Lesen Sie den folgenden Text und vervollständigen Sie die Lücken. Ergänzen Sie in der Tabelle die richtige Lösung!**

Schule und Ausbildung in der Bundesrepublik Deutschland

Im Alter von sechs Jahren kommen die Kinder in die (1). Diese dauert vier (2). Danach müssen sich Schülerinnen und Schüler (3), wie es weitergeht: Hauptschule, Realschule oder Gymnasium. Etwa die Hälfte der Kinder geht (4) der Grundschule auf die Hauptschule. Dort kann man nach dem neunten Schuljahr den Hauptschul-(5) erwerben, der Voraussetzung für eine Lehre ist. Die Realschule dauert in der Regel sechs Jahre, von der fünften bis zur zehnten Klasse. Der Realschulabschluss berechtigt zum Besuch einer Fachschule oder Fachoberschule. Das (6) dauert neun Jahre. Das (7), so heißt das Abschlusszeugnis dieser Schule, berechtigt zum Studium (8) einer Universität. In einigen Bundesländern gibt es auch die Gesamtschule: Hier sind die drei genannten Schultypen bis zum zehnten Schuljahr (9).

	a	**b**	**c**
1	Kindergarten	Grundschule	Gesamtschule
2	Wochen	Monate	Jahre
3	entscheiden	beschließen	scheiden
4	vor	danach	nach
5	-abschluss	-schluss	-ende
6	Gymnasium	Gesamtschule	Grundschule
7	Magister	Abitur	Promotion
8	an	in	zu
9	getrennt	zusammengefasst	abgeschlossen

1 |b| 2 ☐ 3 ☐ 4 ☐ 5 ☐ 6 ☐ 7 ☐ 8 ☐ 9 ☐

Vor dem Lesen

5 **Familie. Sprechen Sie!**
Wer gehört zu Ihrer Familie? Beschreiben Sie einen Verwandten, den Sie sehr gut kennen. Sagen Sie etwas zu:

- Person (Alter, Wohnort, Beruf, Hobbys)
- Aussehen (Gesicht, Haare, Statur)
- Charakter

Kapitel 4

Die Sorgen der Familie

Gregor saugte gierig[1] an dem Käse. Rasch verzehrte[2] er den Käse, das Gemüse und die Sauce; die frischen Speisen dagegen schmeckten ihm nicht. Er war schon längst fertig und lag nun faul auf der Stelle, als die Schwester langsam den Schlüssel umdrehte. Das schreckte ihn sofort auf, obwohl er schon fast schlummerte[3], und er eilte wieder unter das Kanapee. Aber es strengte ihn an, auch nur kurze Zeit unter dem Kanapee zu bleiben, denn von dem Essen hatte sich sein Leib gerundet und er konnte dort in der Enge kaum atmen. Er sah zu, wie die nichtsahnende[4] Schwester mit einem Besen nicht nur die Reste zusammenkehrte, sondern selbst die von Gregor gar nicht berührten Speisen, als seien auch diese nicht mehr zu gebrauchen, und wie sie alles hastig in einen Kübel[5] schüttete und hinaustrug. Kaum hatte sie sich umgedreht, zog sich Gregor unter dem Kanapee hervor und streckte sich.

Auf diese Weise bekam nun Gregor täglich sein Essen, einmal am Morgen, wenn die Eltern und das Dienstmädchen[6] noch schliefen, das zweite Mal nach dem Mittagessen, denn dann schliefen die Eltern noch ein Weilchen, und das Dienstmädchen wurde von der Schwester weggeschickt. Gewiss wollten auch sie nicht, dass Gregor verhungere,

---

[1] **gierig** hungrig
[2] **verzehren** verspeisen, essen
[3] **schlummern** leicht schlafen

[4] **nichtsahnend** ohne Vermutung, nichtwissend
[5] **r Kübel, -** der Abfalleimer
[6] **s Dienstmädchen, -** Bedienstete im Haus

aber vielleicht hätten sie es nicht ertragen können, von seinem Essen mehr zu erfahren, vielleicht wollte die Schwester ihnen auch eine kleine Trauer ersparen, denn tatsächlich litten[1] sie ja gerade genug.

Mit welchen Ausreden[2] man an jenem ersten Vormittag den Arzt und den Schlosser wieder aus der Wohnung geschafft hatte, konnte Gregor nicht erfahren, denn da er nicht verstanden wurde, dachte niemand daran, auch die Schwester nicht, dass er die anderen verstehen könne. Erst später, als sie sich ein wenig an alles gewöhnt hatte – von vollständiger Gewöhnung konnte natürlich niemals die Rede sein –, erhaschte[3] Gregor manchmal eine Bemerkung, die freundlich gemeint war. „Heute hat es ihm aber geschmeckt", sagte sie, wenn Gregor tüchtig gegessen hatte, während sie im gegenteiligen Fall, der sich häufig wiederholte, fast traurig sagte: „Nun ist wieder alles stehen geblieben."

Während aber Gregor direkt keine Neuigkeit erfahren konnte, erlauschte[4] er manches aus den Nebenzimmern, und wenn er nur Stimmen hörte, lief er zur Tür und drückte sich an sie. Besonders in der ersten Zeit gab es kein Gespräch, das nicht irgendwie von ihm handelte. Zwei Tage lang waren bei allen Mahlzeiten Beratungen zu hören, wie man sich jetzt verhalten solle; aber auch zwischen den Mahlzeiten sprach man über das Thema, denn immer waren zumindest zwei Familienmitglieder zu Hause, da wohl niemand allein zu Hause bleiben wollte. Auch hatte das Dienstmädchen gleich am ersten Tag – es war nicht ganz klar, was es wusste – die Mutter gebeten, sie sofort zu entlassen[5], und als es sich kurz danach verabschiedete, dankte sie für die Entlassung unter Tränen und gab einen Schwur[6] ab, niemandem auch nur das Geringste zu verraten.

---

[1] **leiden, litt, hat gelitten** sich quälen, Schmerzen ertragen
[2] **e Ausrede, n** die Notlüge, fadenscheinige Begründung, Entschuldigung
[3] **erhaschen** etwas mitbekommen, zufällig hören
[4] **erlauschen** etwas mithören
[5] **jmdn. entlassen** jmdm. kündigen, auf die Straße setzen
[6] **r Schwur, ̈e** das Ehrenwort, ein Eid, feierliches Versprechen

Nun musste die Schwester mit der Mutter auch kochen; allerdings machte das nicht viel Mühe, denn man aß fast nichts. Immer wieder hörte Gregor, wie der eine den anderen zum Essen aufforderte und keine andere Antwort bekam als: „Danke, ich habe genug", oder etwas Ähnliches. Getrunken wurde vielleicht auch nichts. Öfters fragte die Schwester den Vater, ob er Bier haben wolle, aber dann sagte der Vater schließlich „Nein".

Schon im Laufe des ersten Tages legte der Vater die Vermögensverhältnisse[1] dar. Er stand vom Tische auf und holte aus seiner kleinen Wertheimkassa[2], die er aus dem vor fünf Jahren erfolgten Zusammenbruch[3] seines Geschäftes gerettet hatte, einen Beleg oder ein Notizbuch. Diese Erklärungen des Vaters waren zum Teil das erste Erfreuliche, was Gregor seit seiner Gefangenschaft zu hören bekam. Er war der Meinung gewesen, dass dem Vater von seinem Geschäft nichts geblieben war, zumindest hatte ihm der Vater nichts davon gesagt, und er hatte ihn auch nicht danach gefragt. Gregors Sorge war damals nur gewesen, alles zu tun, um die Familie das geschäftliche Unglück möglichst rasch vergessen zu lassen. Und so hatte er damals mit ganz besonderem Feuer zu arbeiten angefangen und war fast über Nacht aus einem kleinen Kommis[4] ein Reisender geworden, der andere Möglichkeiten des Geldverdienens hatte, und dessen Erfolge sich sofort in Form der Provision[5] zu Bargeld verwandelten, das der beglückten Familie zu Hause auf den Tisch gelegt werden konnte. Es waren schöne Zeiten gewesen, und niemals nachher hatten sie sich so wiederholt, obwohl Gregor später so viel Geld verdiente, dass er den Aufwand[6] der ganzen Familie tragen konnte. Man hatte sich daran gewöhnt, sowohl die Familie,

[1] s Vermögensverhältnis, se Eigentum, Gelder der Familie
[2] e Wertheimkassa abschließbare Kasse aus Stahl, Tresorersatz
[3] r Zusammenbruch, "e hier: Bankrott der Firma
[4] r Kommis, - kleiner Handelsgehilfe, macht Botengänge
[5] e Provision, en Zuschlag bei Erfolg
[6] r Aufwand, "e die Anstrengung, Aufopferung

als auch Gregor, man nahm das Geld dankbar an, er lieferte es gern ab, aber es war nun normal. Nur die Schwester war Gregor nahe geblieben, und es war sein geheimer Plan, sie, die Musik sehr liebte und Violine spielte, nächstes Jahr ohne Rücksicht[1] auf die Kosten auf das Konservatorium[2] zu schicken. Öfters wurde in den Gesprächen mit der Schwester das Konservatorium erwähnt, aber immer nur als schöner Traum, und die Eltern hörten es nicht gern; aber Gregor dachte daran und beabsichtigte, es am Weihnachtsabend feierlich zu erklären.

Solche nun ganz nutzlose Gedanken gingen ihm durch den Kopf, während er dort aufrecht an der Tür klebte und horchte. Manchmal konnte er vor Müdigkeit gar nicht mehr zuhören und ließ den Kopf gegen die Tür schlagen, hielt ihn aber sofort fest, denn selbst das kleine Geräusch war nebenan gehört worden und hatte alle verstummen[3] lassen. „Was er nur wieder treibt[4]", sagte der Vater.

Gregor erfuhr nun genug – denn der Vater wiederholte sich oft, auch, weil die Mutter nicht alles gleich beim ersten Mal verstand – , dass trotz allen Unglücks ein kleines Vermögen aus der alten Zeit noch vorhanden war, das die Zinsen[5] in der Zwischenzeit ein wenig hatten anwachsen lassen. Außerdem aber war das Geld, das Gregor jeden Monat nach Hause gebracht hatte – er selbst hatte nur wenig für sich behalten – , nicht vollständig aufgebraucht worden und hatte sich zu einem kleinen Kapital angesammelt. Gregor, hinter seiner Tür, nickte erfreut über diese unerwartete Sparsamkeit. Eigentlich hätte er ja mit diesen überschüssigen[6] Geldern die Schuld des Vaters gegenüber dem Chef weiter abtragen können, und jener Tag, an dem er diesen Posten hätte loswerden können, wäre weit näher gewesen,

---

[1] e Rücksicht (nur Sg.) die Achtung, Behutsamkeit
[2] s Konservatorium, -en die Musikschule
[3] verstummen schweigen, nichts mehr sagen

[4] treiben, trieb, hat getrieben hier: machen
[5] Zinsen (Pl.) die Kapitaleinkünfte, Rendite
[6] überschüssig restlich

aber jetzt war es besser so. Nun genügte dieses Geld aber nicht, um die Familie von den Zinsen leben zu lassen; es genügte vielleicht, um die Familie ein, höchstens zwei Jahre zu erhalten. Es konnte nur für den Notfall zurückgelegt werden; das Geld zum Leben aber musste man verdienen. Nun war der Vater ein zwar gesunder, aber alter Mann, der schon fünf Jahre nichts gearbeitet hatte, er hatte in diesen fünf Jahren, welche die ersten Ferien seines mühevollen[1] Lebens waren, viel Fett angesetzt und war dadurch recht schwerfällig[2] geworden. Und die alte Mutter sollte nun vielleicht Geld verdienen, die an Asthma litt, der eine Wanderung durch die Wohnung schon Anstrengung verursachte? Und die Schwester sollte Geld verdienen, die noch ein Kind war mit ihren siebzehn Jahren, und deren bisheriges Leben daraus bestanden hatte, sich nett zu kleiden, lange zu schlafen, in der Wirtschaft mitzuhelfen und vor allem Violine zu spielen? Wenn die Rede auf diese Notwendigkeit kam, ließ Gregor die Tür los und warf sich auf das kühle Ledersofa, denn ihm war ganz heiß vor Scham und Trauer.

Oft lag er dort die ganzen langen Nächte über, schlief keinen Augenblick und scharrte[3] stundenlang auf dem Leder. Oder er schob mit Mühe einen Sessel zum Fenster, um dann hinaufzukriechen und sich ans Fenster zu lehnen, offenbar nur in Erinnerung an das Befreiende, das früher für ihn darin lag, aus dem Fenster zu schauen. Denn tatsächlich sah er von Tag zu Tag immer undeutlicher; das gegenüber liegende Krankenhaus sah er überhaupt nicht mehr, und wenn er nicht genau gewusst hätte, dass er in der stillen, aber städtischen Charlottenstraße wohnte, hätte er glauben können, von seinem Fenster aus in eine Einöde[4] zu schauen. Nur zweimal hatte die

---

[1] **mühevoll** mit Anstrengungen
[2] **schwerfällig** mit Mühe

[3] **scharren** kratzen
[4] **e Einöde, n** die Wüste

aufmerksame Schwester gesehen, dass der Sessel beim Fenster stand, so dass sie jedesmal, nachdem sie das Zimmer aufgeräumt hatte, den Sessel wieder zum Fenster schob.

Hätte Gregor nur mit der Schwester sprechen und ihr für alles danken können, was sie für ihn machen musste, er hätte ihre Dienste leichter ertragen[1]; so aber litt er darunter. Schon ihr Eintritt war für ihn schrecklich. Kaum war sie eingetreten, lief sie, ohne sich Zeit zu nehmen, die Türe zu schließen, geradewegs zum Fenster und riss es, als ersticke sie fast, auf, blieb auch, selbst wenn es noch so kalt war, ein Weilchen beim Fenster und atmete tief. Mit diesem Laufen und Lärmen erschreckte sie Gregor täglich zweimal; die ganze Zeit über zitterte[2] er unter dem Kanapee und wusste doch sehr gut, dass sie ihn gewiss gerne damit verschont[3] hätte, wenn es ihr nur möglich gewesen wäre, sich in einem Zimmer, in dem sich Gregor befand, bei geschlossenem Fenster aufzuhalten.

Einmal, es war wohl schon ein Monat seit Gregors Verwandlung vergangen, und es war doch für die Schwester kein besonderer Grund mehr, über Gregors Aussehen in Erstaunen zu geraten, kam sie ein wenig früher als sonst und traf Gregor noch an, wie er, unbeweglich, aus dem Fenster schaute. Es wäre für Gregor nicht unerwartet gewesen, wenn sie nicht eingetreten wäre, da er sie so hinderte, sofort das Fenster zu öffnen, aber sie fuhr sogar zurück und schloss die Tür; ein Fremder hätte denken können, Gregor habe ihr aufgelauert[4] und habe sie beißen wollen. Gregor versteckte sich natürlich sofort unter dem Kanapee, aber er musste bis zum Mittag warten, ehe die Schwester wiederkam. Er erkannte, dass ihr sein Anblick noch immer unerträglich war und dass sie sich wohl sehr überwinden musste, vor

---

[1] **ertragen, erträgt, ertrug, hat ertragen** erdulden, aushalten
[2] **zittern** flattern, vibrieren
[3] **jmdn. verschonen** etwas jmdm. ersparen
[4] **jmdm. auflauern** jmdn. abpassen, auf jmdn. warten

seinem Anblick nicht davonzulaufen. Um ihr auch diesen Anblick zu ersparen, trug er eines Tages auf seinem Rücken – er brauchte zu dieser Arbeit vier Stunden – das Leintuch[1] auf das Kanapee und ordnete es so an, dass er nun gänzlich verdeckt[2] war, und dass die Schwester ihn nicht mehr sehen konnte. Wäre dieses Leintuch ihrer Meinung nach nicht nötig gewesen, dann hätte sie es ja entfernen können, aber sie ließ das Leintuch, so wie es war, und Gregor glaubte sogar einen dankbaren Blick gesehen zu haben.

In den ersten vierzehn Tagen konnten sich die Eltern nicht überwinden, zu ihm hereinzukommen, und er hörte oft, wie sie die jetzige Arbeit der Schwester lobten, während sie sich bisher häufig über die Schwester geärgert hatten, weil sie ihnen nutzlos erschienen war. Nun aber warteten sie oft vor Gregors Zimmer, während die Schwester dort aufräumte, und kaum war sie herausgekommen, musste sie erzählen, wie es in dem Zimmer aussah, was Gregor gegessen hatte, wie er sich benommen hatte, und ob vielleicht eine kleine Besserung zu bemerken war. Die Mutter wollte Gregor bald besuchen, aber der Vater und die Schwester hielten sie zurück. Und wenn sie dann rief: „Lasst mich doch zu Gregor, er ist ja mein unglücklicher Sohn! Begreift ihr es denn nicht, dass ich zu ihm muss?", dann dachte Gregor, dass es vielleicht doch gut wäre, wenn die Mutter käme, nicht jeden Tag, aber vielleicht einmal in der Woche; sie verstand doch alles viel besser als die Schwester, die trotz ihrem Mut doch nur ein Kind war.

---

[1] s Leintuch, "er das Laken, Betttuch   [2] verdeckt versteckt, nicht sichtbar

Lesen & Lernen

1 **Antworten Sie auf die Fragen!**

Warum isst Gregor keine frischen Speisen?
Sie schmecken ihm nicht.

1 Wann bekommt Gregor nun sein Essen?

2 Warum spricht niemand mit Gregor?

3 Wie erfährt er die Neuigkeiten?

4 Was erfährt er über die Vermögensverhältnisse der Familie?

5 Was wollte er der Schwester vor der Verwandlung ermöglichen?

6 Warum versteckt er sich nun unter dem Laken?

Sätze & Strukturen

2 **Partizipialkonstruktionen. Formen Sie die Partizipialkonstruktionen in Relativsätze um!**

die nichtsahnende Schwester: *die Schwester, die nichts ahnt*

1 die unberührten Speisen: die Speisen, die

2 der reisende Handelsvertreter: der Handelsvertreter, der

3 die befreiende Erinnerung: die Erinnerung, die

4 das gegenüber liegende Krankenhaus: das Krankenhaus, das

5 das entlassene Dienstmädchen: das Dienstmädchen, das

6 das geschlossene Fenster: das Fenster, das

ZD Zertifikat Deutsch – Schreiben

3 **Antworten Sie auf den Brief Ihrer deutschen Freundin Saskia. Auch Sie wollen mit ihr gemeinsam in den Urlaub fahren. Sie wollen unbedingt ans Meer fahren, um sich zu erholen. Schreiben Sie ihr einen Brief, um sie von Ihrer Urlaubsidee zu überzeugen. Achten Sie dabei auch auf die richtige Briefform. Machen Sie konkrete Vorschläge zu folgenden Punkten:**

- Reiseziel
- Verkehrsmittel
- Aktivitäten während des Urlaubs
- Reisepreis
- Reservierung
- Vorbereitungen

Hallo, liebe/r xxx,

wie geht es dir? Ich bin kaputt, die Prüfungen waren dieses Jahr sehr anstrengend. Aber endlich ist auch dieses Semester vorbei und wir können nun den Urlaub planen. Was hältst du davon, wenn ich nach Italien komme und wir zusammen etwas unternehmen? Das wollten wir doch schon lange einmal tun! Da du dich besser auskennst, mach mir doch ein paar Vorschläge. Ich freue mich auf jeden Fall auf deine Antwort und unseren gemeinsamen Urlaub, eine dicke Umarmung

von deiner Saskia

Vor dem Lesen

4 **Mein Zimmer. Beschreiben Sie Ihr Zimmer!**

Wo steht, liegt, sitzt oder hängt …
der Schrank, die Lampe, das Bett, der Teppich usw.

Kapitel 5

Die neue Gestalt

▶ 4 Der Wunsch Gregors, die Mutter zu sehen, erfüllte[1] sich bald. Am Tag
wollte Gregor schon aus Rücksicht auf seine Eltern sich nicht beim
Fenster zeigen, kriechen konnte er aber auf den paar Quadratmetern
des Fußbodens auch nicht, das Liegen war schon in der Nacht schwer,
das Essen machte ihm bald kein Vergnügen mehr, und so gewöhnte
er es sich an, kreuz und quer über Wände und Plafond[2] zu kriechen.
Besonders oben auf der Decke hing er gern; es war ganz anders, als
das Liegen auf dem Fußboden; man atmete freier; und wie glücklich
sich Gregor dort oben befand, konnte es geschehen, dass er sich
losließ und auf den Boden klatschte. Aber nun hatte er natürlich
seinen Körper besser in der Gewalt als früher und verletzte sich beim
Fallen nicht mehr. Die Schwester bemerkte es sofort– er hinterließ ja
beim Kriechen Spuren seines Klebstoffes – , und da wollte sie Gregor
das Kriechen ermöglichen und die Möbel, also vor allem den Kasten
und den Schreibtisch, wegschaffen.

Nun war sie aber nicht allein dazu imstande[3], den Vater wagte sie
nicht um Hilfe zu bitten; das Dienstmädchen hätte ihr gewiss nicht
geholfen, denn dieses sechzehnjährige Mädchen harrte zwar tapfer
seit Entlassung der früheren Köchin aus[4], hatte aber darum gebeten,

---

[1] **sich erfüllen** Realität werden
[2] **s Plafond, s** die Zimmerdecke
[3] **imstande** in der Lage
[4] **ausharren** geduldig abwarten

in der Küche zu bleiben; so blieb der Schwester also nichts übrig, als die Mutter zu holen. Mit Ausrufen der Freude kam die Mutter auch, verstummte aber an der Tür vor Gregors Zimmer. Zuerst sah die Schwester nach, ob alles in Ordnung war; dann erst ließ sie die Mutter eintreten. Gregor hatte das Leintuch noch tiefer gezogen und verzichtete darauf, die Mutter schon zu sehen, er war nur froh, dass sie nun doch gekommen war. „Komm nur, man sieht ihn nicht", sagte die Schwester. Gregor hörte nun, wie die zwei Frauen den schweren Kasten von seinem Platz rückten, und wie die Schwester mit der Mutter sprach. Nach schon viertelstündiger Arbeit sagte die Mutter, man solle den Kasten doch lieber hier lassen, denn erstens sei er zu schwer, sie würden vor Ankunft des Vaters nicht fertig werden und mit dem Kasten in der Mitte des Zimmers Gregor jeden Weg verrammeln[1], zweitens aber sei es doch gar nicht sicher, dass man Gregor einen Gefallen täte. Sie bedrücke der Anblick der leeren Wand; und sicher habe auch Gregor diese Empfindung, da er doch an die Zimmermöbel gewöhnt sei und sich im leeren Zimmer verlassen fühlen werde. „Und ist es dann nicht so", schloss die Mutter ganz leise; als wolle sie vermeiden, dass Gregor auch nur den Klang der Stimme höre, denn dass er die Worte nicht verstand, davon war sie überzeugt, „und ist es nicht so, als ob wir durch die Entfernung der Möbel zeigten, dass wir jede Hoffnung auf Besserung aufgeben und ihn rücksichtslos[2] sich selbst überlassen? Ich glaube, es wäre das beste, wir erhalten das Zimmer genau in dem Zustand, in dem es früher war, damit Gregor, wenn er wieder zu uns zurückkommt, alles unverändert findet und umso leichter vergessen kann."

Bei diesen Worten der Mutter erkannte Gregor, dass der Mangel

---

[1] **verrammeln** versperren, behindern   [2] **rücksichtslos** ohne Achtung

jeder menschlichen Ansprache, verbunden mit dem einförmigen Leben im Laufe dieser zwei Monate seinen Verstand verwirrt[1] hatten, denn anders konnte er es sich nicht erklären, dass er danach hatte verlangen könne, dass sein Zimmer ausgeleert würde. Hatte er wirklich Lust, das warme, mit ererbten Möbeln gemütlich ausgestattete Zimmer in eine Höhle verwandeln zu lassen, in der er dann in alle Richtungen kriechen konnte, jedoch auch seine menschliche Vergangenheit schnell vergessen würde? War er doch jetzt schon nahe daran, zu vergessen, und nur die Stimme der Mutter hatte ihn aufgerüttelt[2]. Nichts sollte entfernt werden; die Möbel konnte er nicht entbehren[3]; und wenn die Möbel ihn daran hinderten, sinnlos herumzukriechen, so war es ein großer Vorteil.

Aber die Schwester war leider anderer Meinung; sie hatte sich angewöhnt, bei Besprechung der Angelegenheiten Gregors als Sachverständige[4] gegenüber den Eltern aufzutreten, und so hatte die Schwester entschieden, alle Möbel, mit Ausnahme des unentbehrlichen[5] Kanapee zu entfernen. Es war nicht nur das in der letzten Zeit so schwer erworbene Selbstvertrauen, das sie zu dieser Forderung bestimmte; sie hatte doch tatsächlich beobachtet, dass Gregor viel Raum zum Kriechen brauchte, die Möbel aber nicht im geringsten benützte. So ließ sie sich von ihrem Entschluss durch die Mutter nicht abbringen. Nun, den Kasten konnte Gregor im Notfall noch entbehren, aber der Schreibtisch musste bleiben. Und kaum hatten die Frauen mit dem Kasten das Zimmer verlassen, als Gregor den Kopf unter dem Kanapee hervorstieß, um zu sehen, wie er vorsichtig eingreifen[6] könnte. Aber zum Unglück war es die Mutter, welche zuerst zurückkehrte, während Grete im Nebenzimmer den

---

[1] **verwirrt** verrückt, irr
[2] **jmdn. aufrütteln** jmdn. wecken
[3] **entbehren** etwas vermissen, nicht haben

[4] **r/e Sachverständige, n** der Experte
[5] **unentbehrlich** notwendig
[6] **eingreifen, griff ein, hat eingegriffen** dazwischen treten, Ordnung schaffen

Kasten allein bewegte. Die Mutter aber war Gregors Anblick nicht gewöhnt, er hätte sie krank machen können, und so eilte Gregor erschrocken bis an das andere Ende des Kanapees, konnte aber nicht verhindern, dass sich das Leintuch ein wenig bewegte. Das genügte, um die Mutter aufmerksam zu machen. Sie stockte, stand einen Augenblick still und ging dann zu Grete zurück.

Trotzdem sich Gregor immer wieder sagte, dass ja nichts Außergewöhnliches geschehe, sondern nur ein paar Möbel umgestellt würden, wirkte doch dieses Hin- und Hergehen der Frauen, das Kratzen der Möbel auf dem Boden, wie ein großer Trubel[1] auf ihn, und er wusste, dass er das nicht lange aushalten werde. Sie räumten ihm sein Zimmer aus; nahmen ihm alles, was ihm lieb war; den Kasten mit der Laubsäge hatten sie schon hinausgetragen; lockerten jetzt den Schreibtisch, an dem er als Handelsakademiker[2], als Bürgerschüler[3], ja sogar schon als Volksschüler[4] seine Aufgaben geschrieben hatte. Vor Erschöpfung arbeiteten die Frauen stumm, und man hörte nur ihre Füße. Und so brach er denn hervor – die Frauen wollten gerade ein wenig verschnaufen[5] – er wusste wirklich nicht, was er zuerst retten sollte, da sah er an der schon leeren Wand das Bild der in lauter Pelzwerk gekleideten Dame, kroch eilends hinauf und presste sich an das Glas, das ihn festhielt. Dieses Bild wenigstens, das Gregor jetzt ganz verdeckte, würde nun gewiss niemand wegnehmen. Er drehte den Kopf zur Tür des Wohnzimmers, um die Frauen bei ihrer Rückkehr zu beobachten, die schon wiederkamen. Grete hatte den Arm um die Mutter gelegt. „Also was nehmen wir jetzt?", sagte Grete und sah sich um. Da kreuzten sich ihre Blicke mit denen Gregors an der Wand. Wohl nur für die Mutter behielt sie ihre Fassung[6], beugte sich

---

[1] **r Trubel** (nur Sg.) die Unruhe, der Lärm
[2] **r Handelsakademiker, -** Absolvent einer Handelsakademie
[3] **r Bürgerschüler, -** vergleichbar mit Realschüler
[4] **r Volksschüler, -** vergleichbar mit Grundschüler
[5] **verschnaufen** eine Pause machen, Luft holen
[6] **e Fassung behalten, behält, behielt, hat behalten** ruhig bleiben

zu ihr, und sagte zitternd: „Komm, wollen wir nicht lieber noch ins Wohnzimmer zurückgehen?" Die Absicht Gretes war für Gregor klar, sie wollte die Mutter in Sicherheit bringen und dann ihn von der Wand hinunter jagen. Nun, sie konnte es ja versuchen! Er saß auf seinem Bild und gab es nicht her. Lieber würde er Grete ins Gesicht springen.

Aber Gretes Worte hatten die Mutter erst recht beunruhigt, sie trat zur Seite, erblickte den riesigen braunen Fleck auf der Tapete, rief, ehe ihr eigentlich zum Bewusstsein kam, dass das Gregor war, was sie sah, schreiend: „Ach Gott, ach Gott!" und fiel über das Kanapee und rührte sich nicht. „Du, Gregor!" rief die Schwester mit erhobener Faust. Es waren seit der Verwandlung die ersten Worte, die sie unmittelbar[1] an ihn gerichtet hatte. Sie lief ins Nebenzimmer, um eine Essenz zu holen, mit der sie die Mutter aus ihrer Ohnmacht[2] wecken könnte; Gregor wollte auch helfen, er klebte aber fest an dem Bild und musste sich losreißen; er lief dann auch ins Nebenzimmer, als könne er der Schwester irgendeinen Rat geben, wie in früher; musste dann aber untätig hinter ihr stehen; während sie in verschiedenen Fläschchen kramte[3]. Sie erschreckte, als sie sich umdrehte; eine Flasche fiel auf den Boden und zerbrach; ein Splitter[4] verletzte Gregor im Gesicht. Grete nahm nun soviel Fläschchen, als sie nur halten konnte, und rannte mit ihnen zur Mutter hinein; die Tür schlug sie zu. Gregor war nun von der Mutter abgeschlossen, die durch seine Schuld vielleicht dem Tod nahe war; die Tür durfte er nicht öffnen, wollte er die Schwester nicht verjagen; er hatte jetzt nichts zu tun, als zu warten; und von Selbstvorwürfen[5] und Besorgnis bedrängt, begann er zu kriechen, überkroch alles, Wände, Möbel und Zimmerdecke und fiel endlich in seiner Verzweiflung auf den großen Tisch. Es verging eine kleine

[1] **unmittelbar** direkt
[2] **e Ohnmacht, en** die Bewusstlosigkeit
[3] **kramen** suchen
[4] **r Splitter, –** kleines Stück Glas
[5] **r Selbstvorwurf, "e** die Selbstkritik

Weile, Gregor lag matt[1] da, ringsherum war es still, vielleicht war das ein gutes Zeichen. Da läutete es. Grete musste öffnen gehen. Der Vater war gekommen. „Was ist geschehen?" waren seine ersten Worte; Gretes Aussehen hatte ihm wohl alles verraten. Grete antwortete: „Die Mutter war ohnmächtig, aber es geht ihr schon besser. Gregor ist ausgebrochen[2]." „Ich habe es ja erwartet", sagte der Vater, „ich habe es euch ja immer gesagt, aber ihr Frauen wollt nicht hören." Gregor war es klar, dass der Vater Gretes kurze Mitteilung schlecht gedeutet hatte und annahm, dass Gregor gewalttätig geworden war. Deshalb musste Gregor den Vater besänftigen[3]. Und so flüchtete er sich zur Tür seines Zimmers, damit der Vater gleich sehe, dass Gregor sofort in sein Zimmer zurückkehren wolle. Aber der Vater bemerkte es nicht; „Ah!" rief er beim Eintritt wütend. Gregor hob den Kopf gegen den Vater. So hatte er sich den Vater wirklich nicht vorgestellt, wie er jetzt dastand; allerdings hatte er in der letzten Zeit über dem neuartigen Herumkriechen versäumt, sich so wie früher um die Vorgänge in der übrigen Wohnung zu kümmern, und hätte eigentlich erwarten müssen, veränderte Verhältnisse anzutreffen. Trotzdem, war das noch der Vater? Der gleiche Mann, der müde im Bett lag, wenn früher Gregor zu einer Geschäftsreise aufbrach; der ihn bei der Heimkehr im Schlafrock[4] empfangen hatte; der gar nicht aufstehen konnte, sondern nur die Arme hob, und der bei den seltenen gemeinsamen Spaziergängen mit Gregor und der Mutter, die schon langsam gingen, immer noch ein wenig langsamer ging? ⏹

---

[1] **matt** schwach, entkräftet
[2] **ausbrechen, bricht aus, brach aus, ist ausgebrochen** fliehen, weglaufen
[3] **besänftigen** beruhigen
[4] **r Schlafrock, "e** der Morgenmantel

Lesen & Lernen

1 **Wie steht es im Text? Entscheiden Sie: Richtig (R) oder falsch (F)!**

		R	F
	Die Mutter kam Gregor bald besuchen.	☐	☒
1	Gregor aß sein Essen sehr gern.	☐	☐
2	Am liebsten lag er den ganzen Tag auf dem Rücken.	☐	☐
3	Gregor kroch über alle Möbel im Zimmer.	☐	☐
4	Gregors Schwester will alle Möbel aus dem Zimmer nehmen.	☐	☐
5	Die Mutter hofft, dass sich Gregors Zustand bald bessert.	☐	☐
6	Gregor will das Bild retten.	☐	☐
7	Das Dienstmädchen öffnete dem Vater die Tür.	☐	☐
8	Gregors Vater hilft beim Ausräumen.	☐	☐

Sätze & Strukturen

2 **Temporalsätze. Verbinden Sie die Sätze mit einem temporalen Subjunktor!**

> ~~als~~ (2x) • bevor • nachdem • seitdem • wenn (2x)

Gregor erwachte. Es war noch finster.
Als Gregor erwachte, war es noch finster.

1 Gregor hing immer an der Decke. Er fühlte sich glücklich.
_____

2 Der Vater hatte das Haus verlassen. Grete bat die Mutter um Hilfe.
_____

3 Die Köchin hatte gekündigt. Danach musste Grete kochen.
_____

4 Gregor verwandelte sich in ein Insekt. Vorher arbeitete er.
_____

5 Gregor verwandelte sich in ein Insekt. Er verließ das Zimmer nicht mehr.
_____

6 Die Schwester brachte Gregor Essen. Er versteckte sich.
_____

3 **Berichten Sie kurz, welche Informationen Ihnen die Tabelle gibt.
Führen Sie dann ein Gespräch zum Thema „Familien heute".
Sprechen Sie über die Bedeutung der Familie in Ihrem Heimatland.
Sagen Sie etwas zu folgenden Punkten:**

Bedeutung der Familie in der Gesellschaft
Eigene Familie: Familienmitglieder
Verwandte: entfernte und nahe Verwandte
Stellung der Frau heute
Kinder und Eltern
Kinderbetreuung

Früher:	**Heute:**
8 Personen im Haushalt	3 Personen im Haushalt
1 Person berufstätig	2 Personen berufstätig
4 Kinder	1 Kind
Weitere Familienangehörige	----
Frau als Hausfrau und Mutter	Viele Frauen berufstätig
Eine Ehe	Patchworkfamilien

Vor dem Lesen

4 **Arbeit und Beruf. Welche Tätigkeit passt nicht? Streichen Sie!**

Polizist: Verdächtige verhören / eine Anzeige aufnehmen / ~~Blumen züchten~~

1 Köchin: Gemüse putzen / eine Ausstellung vorbereiten /
Fleisch schneiden

2 Angestellter: Akten bearbeiten / Briefe beantworten /
das Büro putzen

3 Handelsvertreter: reisen / eine Maschine reparieren /
Verträge abschließen

4 Schlosser: Schlüssel anfertigen / rechnen / Türen öffnen

5 Putzfrau: Briefe übersetzen / fegen / den Boden wischen

Kapitel 6

Isolation

Nun aber stand er aufgerichtet; in eine blaue Uniform mit Goldknöpfen gekleidet, wie sie Diener[1] der Bankinstitute tragen; über dem hohen Kragen des Rockes entwickelte sich sein starkes Doppelkinn[2]; unter den buschigen Augenbrauen drang der Blick der schwarzen Augen frisch hervor; das sonst zerzauste[3] weiße Haar war peinlich genau gekämmt. Er warf seine Mütze, auf der ein Goldmonogramm[4], wahrscheinlich das einer Bank, angebracht war, auf das Kanapee und ging, die Hände in den Hosentaschen, mit verbissenem[5] Gesicht auf Gregor zu.

Er wusste wohl selbst nicht, was er vorhatte[6]. Gregor aber wusste noch vom ersten Tage seines neuen Lebens, dass der Vater ihm gegenüber nur die größte Strenge für angebracht hielt. Und so lief er vor dem Vater her, stockte, wenn der Vater stehen blieb, und eilte wieder vorwärts. So machten sie mehrmals die Runde um das Zimmer, ohne dass das Ganze infolge seines langsamen Tempos den Anschein einer Verfolgung gehabt hätte. Deshalb blieb auch Gregor erst auf dem Fußboden, zumal er fürchtete, der Vater könnte eine Flucht auf die Wände oder den Plafond für besondere Bosheit halten. Allerdings musste sich Gregor sagen, dass er dieses Laufen nicht lange

---

[1] r Diener, - der Angestellte
[2] s Doppelkinn, e dickes Kinn
[3] zerzaust ungekämmt

[4] s Goldmonogramm, e mit Goldfaden gestickte Initialen, Buchstaben
[5] verbissen verärgert, angestrengt
[6] etwas vorhaben, hatte vor, hat vorgehabt etwas planen

aushalten würde, denn während der Vater einen Schritt machte, musste er eine Unzahl von Bewegungen ausführen. Atemnot[1] begann sich schon bemerkbar zu machen. Als er nun alle Kräfte für den Lauf sammelte, da flog knapp neben ihm irgend etwas nieder und rollte vor ihm her. Es war ein Apfel; gleich flog ihm ein zweiter nach; Gregor blieb vor Schrecken stehen; ein Weiterlaufen war nutzlos, denn der Vater hatte sich entschlossen, ihn zu bombardieren.

Aus der Obstschale auf der Kredenz[2] hatte er sich die Taschen mit Äpfeln gefüllt und warf sie nun. Diese kleinen roten Äpfel rollten auf dem Boden herum. Ein schwach geworfener Apfel streifte Gregors Rücken, glitt aber ab. Ein ihm sofort nachfliegender drang dagegen in Gregors Rücken ein; Gregor wollte sich weiterschleppen, als könne der überraschende unglaubliche Schmerz mit dem Ortswechsel vergehen[3]; doch fühlte er sich wie festgenagelt. Nur mit dem letzten Blick sah er noch, wie die Tür seines Zimmers aufgerissen wurde, und vor der schreienden Schwester die Mutter hervoreilte, im Hemd, denn die Schwester hatte sie entkleidet, um ihr in der Ohnmacht Atemfreiheit zu verschaffen, wie dann die Mutter auf den Vater zulief und wie sie stolpernd auf den Vater eindrang und ihn umarmend – nun versagte[4] aber Gregors Sehkraft schon – die Hände an Vaters Kopf um Schonung von Gregors Leben bat.

Die schwere Verwundung Gregors, an der er über einen Monat litt – der Apfel blieb, da ihn niemand zu entfernen wagte[5], als sichtbares Andenken[6] im Fleisch sitzen – , schien selbst den Vater daran erinnert zu haben, dass Gregor trotz seiner gegenwärtigen traurigen Gestalt ein Familienmitglied war, das man nicht wie einen Feind behandeln durfte, sondern dem gegenüber es Familienpflicht war, den

---

[1] e Atemnot, ¨e die Luftknappheit
[2] e Kredenz, en Möbelstück im Wohnzimmer, die Anrichte
[3] vergehen, verging, ist vergangen vorbeigehen
[4] versagen nicht funktionieren
[5] wagen den Mut zu etwas haben
[6] s Andenken, - das Souvenir

Widerwillen[1] hinunterzuschlucken und zu dulden. Und wenn nun auch Gregor durch seine Wunde an Beweglichkeit wahrscheinlich für immer verloren hatte und vorläufig zur Durchquerung seines Zimmers wie ein alter Invalide lange, lange Minuten brauchte – an das Kriechen in der Höhe war nicht zu denken – , so bekam er für diese Verschlimmerung seines Zustandes einen genügenden Ersatz[2] dadurch, dass immer gegen Abend die Wohnzimmertür geöffnet wurde, so dass er, im Dunkel seines Zimmers liegend, die ganze Familie beim beleuchteten Tische sehen und ihre Reden, gewissermaßen mit allgemeiner Erlaubnis, also ganz anders als früher, anhören durfte.

Freilich waren es nicht mehr die lebhaften Unterhaltungen der früheren Zeiten, an die Gregor in den kleinen Hotelzimmern stets gedacht hatte. Es ging jetzt meist nur sehr still zu. Der Vater schlief bald nach dem Nachtessen in seinem Sessel ein; die Mutter und Schwester ermahnten einander zur Stille; die Mutter nähte[3], weit unter das Licht gebeugt, feine Wäsche für ein Modegeschäft; die Schwester, die eine Stellung als Verkäuferin angenommen hatte, lernte am Abend Stenographie und Französisch, um vielleicht später einmal einen besseren Posten zu erreichen. Manchmal wachte der Vater auf, und als wisse er gar nicht, dass er geschlafen habe und sagte zur Mutter: „Wie lange du heute schon wieder nähst!" und schlief sofort wieder ein, während Mutter und Schwester einander müde zulächelten.

Der Vater weigerte sich zu Hause seine Dieneruniform abzulegen[4]; und während der Schlafrock am Kleiderhaken hing, schlummerte der Vater vollständig angezogen auf seinem Platz, als sei er immer zu seinem Dienst bereit und warte auch hier auf die Stimme des Vorgesetzten. Infolgedessen verlor die nicht neue Uniform trotz aller

---

[1] **r Widerwille** (nur Sg.) die Abscheu, der Ekel
[2] **r Ersatz** (nur Sg.) das Subsitut, der Notbehelf, das Ersatzmittel
[3] **nähen** mit Nadel und Faden aus Stoff anfertigen
[4] **ablegen** ausziehen

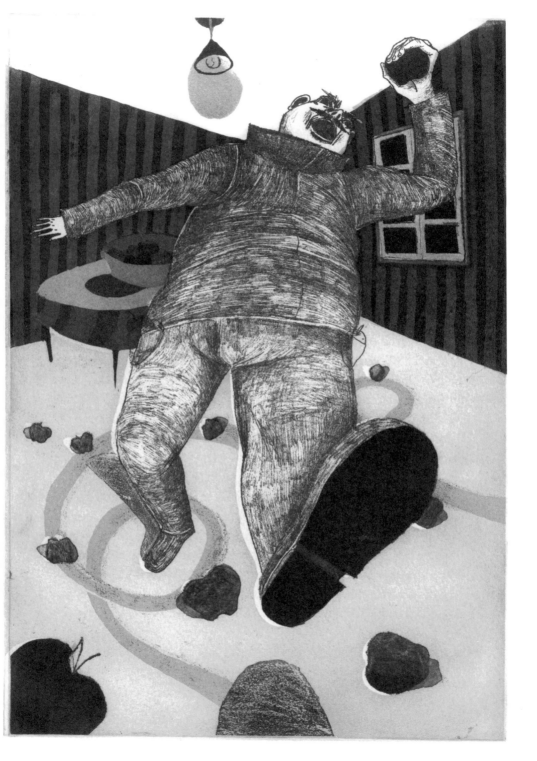

Sorgfalt an Reinlichkeit, und Gregor sah oft ganze Abende lang auf dieses über und über fleckige[1], mit seinen stets geputzte Goldknöpfen leuchtende Gewand, in dem der alte Mann ruhig schlief.

Sobald die Uhr zehn schlug, weckte die Mutter den Vater und überredete ihn, ins Bett zu gehen, denn hier war es doch kein richtiger Schlaf und diesen hatte der Vater, der um sechs Uhr seinen Dienst antreten musste, äußerst nötig. Aber in seinem Eigensinn[2] bestand er immer darauf, noch länger bei Tisch zu bleiben, obwohl er regelmäßig einschlief, und war dann nur mit der größten Mühe zu bewegen, den Sessel mit dem Bett zu tauschen. Die Mutter zupfte[3] ihn am Ärmel, sagte ihm Schmeichelworte[4] ins Ohr, aber beim Vater verfing das nicht. Er versank nur noch tiefer in seinen Sessel. Erst wenn ihn die Frauen unter den Achseln fassten, schlug er die Augen auf, sah abwechselnd die Mutter und die Schwester an und pflegte zu sagen: „Das ist ein Leben. Das ist die Ruhe meiner alten Tage." Und auf die beiden Frauen gestützt, erhob[5] er sich, umständlich, ließ sich von den Frauen bis zur Tür führen, winkte ihnen dort, während die Mutter ihr Nähzeug, die Schwester ihre Feder eiligst hinwarfen, um hinter dem Vater herzulaufen und ihm weiter behilflich zu sein.

Wer hatte in dieser abgearbeiteten und übermüdeten Familie Zeit, sich um Gregor zu kümmern. Der Haushalt wurde immer mehr eingeschränkt; das Dienstmädchen wurde nun doch entlassen; eine riesige knochige[6] Bedienerin mit weißem Haar kam des Morgens und des Abends, um die schwerste Arbeit zu leisten; alles andere besorgte die Mutter neben ihrer vielen Näharbeit. Es geschah sogar, dass verschiedene Familienschmuckstücke, welche früher die Mutter und die Schwester überglücklich bei Feierlichkeiten getragen

---

[1] **fleckig** mit Flecken, schmutzig
[2] **r Eigensinn** (nur Sg.) der Starrsinn, die Dickköpfigkeit
[3] **zupfen** vorsichtig ziehen
[4] **s Schmeichelwort, e** nette Worte
[5] **sich erheben, erhob sich, hat sich erhoben** aufstehen
[6] **knochig** kräftig und dünn

hatten, verkauft wurden, wie Gregor am Abend aus der allgemeinen Besprechung der erzielten Preise erfuhr. Die größte Klage war aber stets, dass man diese für die gegenwärtigen Verhältnisse allzu große Wohnung nicht verlassen konnte, da es nicht auszudenken war, wie man Gregor übersiedeln[1] sollte. Aber Gregor sah wohl ein, dass es nicht nur die Rücksicht auf ihn war, welche eine Übersiedlung verhinderte, denn ihn hätte man doch in einer Kiste leicht transportieren können; was die Familie hauptsächlich vom Wohnungswechsel abhielt, war vielmehr die völlige Hoffnungslosigkeit.

Was die Welt von armen Leuten verlangt, erfüllten sie bis zum äußersten, der Vater holte den kleinen Bankbeamten das Frühstück, die Mutter opferte sich für die Wäsche fremder Leute, die Schwester lief nach dem Befehl der Kunden hinter dem Pult[2] hin und her, aber weiter reichten die Kräfte der Familie schon nicht. Und die Wunde im Rücken fing Gregor wie neu zu schmerzen an, wenn Mutter und Schwester, nachdem sie den Vater zu Bett gebracht hatten, nun zurückkehrten, die Arbeit liegen ließen, zusammenrückten, wenn jetzt die Mutter, auf Gregors Zimmer zeigend, sagte: „Mach dort die Tür zu, Grete", und wenn nun Gregor wieder im Dunkel war, während nebenan die Frauen weinten.

Die Nächte und Tage verbrachte Gregor fast ganz ohne Schlaf. Manchmal dachte er daran, beim nächsten Öffnen der Tür die Angelegenheiten der Familie ganz so wie früher wieder in die Hand zu nehmen; in seinen Gedanken erschienen wieder nach langer Zeit der Chef und der Prokurist, die Kommis und die Lehrjungen, zwei, drei Freunde aus anderen Geschäften, ein Stubenmädchen[3] aus einem Hotel in der Provinz, eine liebe, flüchtige Erinnerung, eine Kassiererin

---

[1] **übersiedeln** umziehen
[2] **s Pult, e** das Katheder, das Arbeitspult
[3] **s Stubenmädchen, -** Beruf, das Zimmermädchen im Hotel

aus einem Hutgeschäft, um die er sich ernsthaft, aber zu langsam beworben hatte – sie alle erschienen, aber statt ihm und seiner Familie zu helfen, waren sie sämtlich unzugänglich[1], und er war froh, wenn sie verschwanden.

Dann aber war er wieder gar nicht in der Laune, sich um seine Familie zu sorgen, bloß Wut über die schlechte Wartung[2] erfüllte ihn, und obwohl er sich nichts vorstellen konnte, worauf er Appetit gehabt hätte, machte er doch Pläne, wie er in die Speisekammer gelangen könnte. Ohne jetzt mehr nachzudenken, womit man Gregor einen besonderen Gefallen machen könnte, schob die Schwester eiligst, ehe sie morgens und mittags ins Geschäft lief, mit dem Fuß irgendeine beliebige Speise in Gregors Zimmer hinein, um sie am Abend, gleichgültig, ob die Speise unberührt war, mit einem Besen hinauszukehren. Das Aufräumen des Zimmers, das sie nun immer abends besorgte, konnte gar nicht mehr schneller getan sein. Schmutzstreifen zogen sich die Wände entlang, es lagen Staub[3] und Unrat da. In der ersten Zeit stellte sich Gregor bei der Ankunft der Schwester in die schmutzigste Ecke, um ihr einen Vorwurf zu machen. Aber er hätte wohl wochenlang dort bleiben können, ohne dass sich die Schwester gebessert hätte. Dabei wachte sie darüber, dass das Aufräumen von Gregors Zimmer ihr vorbehalten blieb. Einmal hatte die Mutter Gregors Zimmer einer großen Reinigung unterzogen, die ihr nur nach Verbrauch einiger Kübel Wasser gelungen war – die viele Feuchtigkeit kränkte[4] allerdings Gregor auch und er lag verbittert und unbeweglich auf dem Kanapee–, aber die Strafe blieb für die Mutter nicht aus. Denn kaum hatte am Abend die Schwester die Veränderung in Gregors Zimmer bemerkt, als sie ins Wohnzimmer lief und in einen Weinkrampf ausbrach, und

---

[1] **unzugänglich** nicht behilflich
[2] **e Wartung, en** hier: die Pflege

[3] **r Staub** (nur Sg.) Schmutzpartikel
[4] **jmdn. kränken** jmdn. verletzen

Gregor laut vor Wut darüber zischte, dass es keinem einfiel, die Tür zu schließen und ihm diesen Anblick und Lärm zu ersparen.

Aber selbst wenn die Schwester, erschöpft von ihrer Berufsarbeit, dessen überdrüssig geworden war, für Gregor, wie früher, zu sorgen, so hätte Gregor doch nicht vernachlässigt werden brauchen. Denn nun war die Bedienerin da. Diese alte Witwe, die in ihrem langen Leben das Schlimmste überstanden haben mochte, hatte keine Abscheu[1] vor Gregor. Ohne neugierig[2] zu sein, hatte sie zufällig einmal die Tür von Gregors Zimmer aufgemacht und war im Anblick Gregors, der, überrascht hin- und herzulaufen begann, staunend stehen geblieben. Seitdem versäumte sie nicht, stets morgens und abends die Tür ein wenig zu öffnen und zu Gregor hineinzuschauen. Anfangs rief sie ihn auch zu sich, mit Worten, die sie wahrscheinlich für freundlich hielt, wie „Komm mal herüber, alter Mistkäfer[3]!" oder „Seht mal den alten Mistkäfer!" Auf solche Ansprachen antwortete Gregor nicht, sondern blieb unbeweglich auf seinem Platz, als sei die Tür gar nicht geöffnet worden. Hätte man doch dieser Bedienerin lieber den Befehl gegeben, sein Zimmer täglich zu reinigen! Einmal am frühen Morgen – ein heftiger Regen, vielleicht schon ein Zeichen des kommenden Frühjahrs, schlug an die Scheiben – war Gregor, als die Bedienerin mit ihren Redensarten wieder begann, derartig erbittert, dass er, wie zum Angriff[4], sich gegen sie wendete. Die Bedienerin aber, statt sich zu fürchten, hob bloß einen in der Nähe der Tür befindlichen Stuhl hoch, und wie sie dastand, war ihre Absicht klar, den Sessel in ihrer Hand auf Gregors Rücken niederzuschlagen. „Also weiter geht es nicht?", fragte sie, als Gregor sich wieder umdrehte, und stellte den Sessel ruhig in die Ecke zurück.

---

[1] **e Abscheu** (nur Sg.) der Ekel
[2] **neugierig** mit großem Interesse

[3] **r Mistkäfer, -** Insekt, Käfer, der sich von Mist ernährt
[4] **r Angriff, e** die Attacke, Eröffnung eines Kampfes

Lesen & Lernen

1 **Finden und korrigieren Sie in jedem Satz die falsche Information!**

Der Vater trägt immer seinen Schlafrock. ___*seine Uniform.*___

1 Der Vater wirft mit Birnen nach Gregor. _____

2 Das Dienstmädchen entfernte die Birne sofort. _____

3 Grete reinigte jeden Tag Gregors Zimmer gründlich. _____

4 Die Mutter übernahm jeden zweiten Tag die Reinigung. _____

5 Grete arbeitete als Stubenmädchen. _____

6 Die Mutter bügelte Wäsche. _____

Sätze & Strukturen

2 **Verben mit festen Präpositionen. Ergänzen Sie das fehlende Pronominaladverb!**

Grete bestand ___*darauf*___, das Zimmer persönlich zu reinigen.

1 Gregor erinnerte sich _____, wie die Zeit
vor der Verwandlung war.

2 Die Mutter hoffte _____, dass sich Gregors Zustand
bessern würde.

3 Gregors Tag bestand _____, durchs Zimmer zu kriechen.

4 Er litt _____, dass die Eltern nicht mit ihm sprachen.

5 Die Schwester sorgte _____, dass Gregor täglich
gepflegt wurde.

ZD Zertifikat Deutsch – Lesen 2

3 **Lesen Sie den Text und entscheiden Sie sich dann für die richtige
Lösung!**

Sprachen lernen im Tandem – mehr Spaß zu zweit

Hitler, Kraut und Kartoffeln war alles, was er vor sieben Monaten
auf Deutsch sagen konnte. Inzwischen kann sich der italienische
Philosophiestudent Andrea Tuveri, 28, ziemlich gut verständlich

machen. Und das verdankt er zu einem großen Teil Ralf Beckert, 34, der in Hamburg Italienisch, Schwedisch und Kunstgeschichte studiert. Ralf ist nicht etwa Andreas Lehrer, sondern sein Partner in einem „Sprachtandem": Zwei Leute verschiedener Muttersprache unterhalten sich bei regelmäßigen Treffen abwechselnd in beiden Sprachen, um sich gegenseitig – ohne Bezahlung – beim Lernen zu helfen. Andrea versuchte es zunächst mit Privatsprachkursen, die ihm nichts brachten. Mehr lernte er in seiner WG und bei Uni-Veranstaltungen, wo schließlich nur Deutsch gesprochen wird. Auf Ralf kam er über ein Vermittlungsbüro, das an der Uni mit Flyern und an den schwarzen Brettern für Sprachtandems wirbt. Seit Juli treffen sich die beiden. Ralf spricht ausgezeichnet Italienisch, was dazu geführt hat, dass die beiden – weil Andrea so faul ist, wie er selbst versichert – die meiste Zeit Italienisch sprechen.

Von Bernd Vogel - ©„UniSPIEGEL"

Wie steht es im Text? Entscheiden Sie: richtig (R) oder falsch (F)!

		R	F
	Andrea Tuveri kannte vor sieben Monaten nur drei Wörter auf Deutsch.	☒	☐
1	Dank der Hilfe von Ralf Beckert kann Andrea sich nun schon ziemlich gut auf Deutsch verständigen.	☐	☐
2	Ralf ist Andreas Deutschlehrer in der Sprachenschule „Tandem".	☐	☐
3	Wenn sie sich treffen, spricht Ralf nur Italienisch und Andrea nur Deutsch.	☐	☐
4	Andrea lernte zuerst an einer privaten Sprachschule Deutsch, hatte aber keinen Erfolg.	☐	☐
5	Ralfs Italienisch ist schon sehr gut, deshalb sprechen Ralf und Andrea die meiste Zeit Deutsch.	☐	☐

Vor dem Lesen

4 Wie könnte die Geschichte weitergehen? Lesen Sie die Sätze und erzählen Sie weiter!

A Die Mutter findet eine besondere Medizin, die sie Gregor gibt …

B Dem Vater tut sein Verhalten leid. Er …

C Die Schwester findet in Gregors Zimmer …

D Die Bedienerin kümmert sich jetzt um Gregor und …

E Der Arzt wird gerufen und …

Kapitel 7

Die Zimmerherren

5 Gregor aß nun fast gar nichts mehr. Nur wenn er zufällig an der
vorbereiteten Speise vorüberkam, nahm er zum Spiel einen Bissen
in den Mund, hielt ihn dort stundenlang und spie ihn dann meist
wieder aus[1]. Zuerst dachte er, es sei die Trauer über den Zustand
seines Zimmers, die ihn vom Essen abhalte, aber gerade mit den
Veränderungen des Zimmers söhnte er sich sehr bald aus. Man hatte
sich angewöhnt, Dinge, die man anderswo nicht unterbringen konnte,
in dieses Zimmer hineinzustellen, und solcher Dinge gab es nun viele,
da man ein Zimmer der Wohnung an drei Zimmerherren[2] vermietet
hatte. Diese ernsten Herren – alle drei hatten Vollbärte[3], wie Gregor
einmal durch eine Türspalte feststellte – waren peinlich auf Ordnung,
nicht nur in ihrem Zimmer, sondern, da sie sich nun einmal hier
eingemietet hatten, in der ganzen Wirtschaft, also insbesondere in
der Küche, bedacht. Schmutzigen Kram ertrugen sie nicht. Überdies
hatten sie zum größten Teil ihre eigenen Einrichtungsstücke[4]
mitgebracht. Aus diesem Grunde waren viele Dinge überflüssig[5]
geworden, die man aber nicht wegwerfen wollte. Alle diese
wanderten in Gregors Zimmer. Ebenso auch die Aschenkiste[6] und
die Abfallkiste aus der Küche. Was nur im Augenblick unbrauchbar

---

[1] **ausspeien, spie aus, hat ausgespien** ausspucken
[2] **r Zimmerherr, en** der Untermieter
[3] **r Vollbart, ¨e** langer, dichter Bart

[4] **s Einrichtungsstück, e** das Möbelstück
[5] **überflüssig** umsonst, unnütz
[6] **e Aschenkiste, n** Behälter für Asche aus Ofen oder Herd

war, schleuderte[1] die Bedienerin, die es immer sehr eilig hatte, einfach in Gregors Zimmer; Gregor sah glücklicherweise meist nur den betreffenden Gegenstand und die Hand, die ihn hielt. Die Bedienerin hatte vielleicht die Absicht, bei Zeit und Gelegenheit die Dinge wieder zu holen, tatsächlich aber blieben sie dort liegen, wohin sie geworfen wurden. Gregor sich wand sich durch das Rumpelzeug[2], weil kein sonstiger Platz zum Kriechen frei war, später aber mit wachsendem Vergnügen, obwohl er nach solchen Wanderungen, zum Sterben müde und traurig, wieder stundenlang sich nicht rührte.

Da die Zimmerherren manchmal auch ihr Abendessen zu Hause im gemeinsamen Wohnzimmer einnahmen, blieb die Wohnzimmertür an manchen Abenden geschlossen, aber Gregor verzichtete[3] auf das Öffnen der Tür, hatte er doch schon manche Abende, an denen sie geöffnet war, im dunkelsten Winkel seines Zimmers gelegen. Einmal aber hatte die Bedienerin die Tür zum Wohnzimmer ein wenig offen gelassen, und sie blieb so offen, auch als die Zimmerherren am Abend eintraten und Licht gemacht wurde. Sie setzten sich oben an den Tisch, wo in früheren Zeiten der Vater, die Mutter und Gregor gegessen hatten, entfalteten die Servietten und nahmen Messer und Gabel in die Hand. Sofort erschien in der Tür die Mutter mit einer Schüssel Fleisch und hinter ihr die Schwester mit einer Schüssel Kartoffeln. Das Essen dampfte[4]. Die Zimmerherren beugten sich über die Schüsseln, als wollten sie sie vor dem Essen prüfen, und tatsächlich zerschnitt der, welcher in der Mitte saß, ein Stück Fleisch noch auf der Schüssel, offenbar um festzustellen, ob es mürbe[5] genug sei und ob es nicht etwa in die Küche zurückgeschickt werden solle. Er war befriedigt, und Mutter und Schwester, die gespannt zugesehen hatten, begannen zu lächeln.

---

[1] **schleudern** werfen
[2] **s Rumpelzeug** (nur Sg.) alte, unnütze Dinge
[3] **verzichten auf etwas** etwas entbehren, aufgeben
[4] **dampfen** sehr warm sein
[5] **mürbe** weich gekocht

Die Familie selbst aß in der Küche. Trotzdem kam der Vater, ehe er in die Küche ging, in dieses Zimmer herein und machte mit einer einzigen Verbeugung[1], die Kappe in der Hand, einen Rundgang um den Tisch. Die Zimmerherren erhoben sich sämtlich. Als sie dann allein waren, aßen sie fast unter vollkommenem Stillschweigen. Sonderbar schien es Gregor, dass man aus allen Geräuschen des Essens immer wieder ihre kauenden Zähne heraushörte, als ob damit Gregor gezeigt werden sollte, dass man Zähne brauche, um zu essen, und dass man auch mit den schönsten zahnlosen Kiefern nichts ausrichten könne. „Ich habe ja Appetit", sagte sich Gregor sorgenvoll, „aber nicht auf diese Dinge. Wie sich diese Zimmerherren nähren, und ich komme um[2]!"

Gerade an diesem Abend – Gregor erinnerte sich nicht, während der ganzen Zeit die Violine gehört zu haben – ertönte sie von der Küche her. Die Zimmerherren hatten schon ihr Nachtmahl beendet, der mittlere hatte eine Zeitung hervorgezogen, den zwei anderen je ein Blatt gegeben, und nun lasen sie und rauchten. Als die Violine zu spielen begann, wurden sie aufmerksam, erhoben sich und gingen auf den Fußspitzen zur Vorzimmertür, in der sie stehen blieben. Man musste sie von der Küche aus gehört haben, denn der Vater rief: „Ist den Herren das Spiel vielleicht unangenehm? Es kann sofort eingestellt werden." „Im Gegenteil", sagte der mittlere der Herren, „möchte das Fräulein nicht zu uns hereinkommen und hier im Zimmer spielen, wo es doch viel bequemer und gemütlicher ist?" „O bitte", rief der Vater. Die Herren traten ins Zimmer zurück und warteten. Bald kam der Vater mit dem Notenpult, die Mutter mit den Noten und die Schwester mit der Violine. Die Schwester bereitete alles ruhig zum Spiel vor; die

---

[1] **e Verbeugung, en** die Verneigung, Höflichkeitsgeste   [2] **umkommen, kam um, ist umgekommen** sterben

Eltern, die niemals früher Zimmer vermietet hatten und deshalb die Höflichkeit gegen die Zimmerherren übertrieben[1], wagten gar nicht, sich auf ihre eigenen Sessel zu setzen; der Vater lehnte an der Tür, die Mutter aber erhielt von einem Herrn einen Sessel angeboten und saß da. Die Schwester begann zu spielen; Vater und Mutter verfolgten aufmerksam die Bewegungen ihrer Hände. Gregor hatte, von dem Spiele angezogen, sich ein wenig weiter vorgewagt[2] und war schon mit dem Kopf im Wohnzimmer. Er wunderte sich kaum darüber, dass er in letzter Zeit so wenig Rücksicht auf die andern nahm; früher war diese Rücksichtnahme sein Stolz[3] gewesen. Und dabei hätte er gerade jetzt mehr Grund gehabt, sich zu verstecken, denn infolge des Staubes, der in seinem Zimmer überall lag und bei der kleinsten Bewegung umherflog, war auch er ganz staubbedeckt; Fäden, Haare, Speiseüberreste schleppte er auf seinem Rücken und an den Seiten mit sich herum; seine Gleichgültigkeit[4] gegen alles war viel zu groß, als dass er sich, wie früher mehrmals während des Tages, auf den Rücken gelegt und am Teppich gescheuert[5] hätte. Und trotz dieses Zustandes hatte er keine Scheu, ein Stück auf dem makellosen[6] Fußboden des Wohnzimmers vorzurücken.

Allerdings achtete auch niemand auf ihn. Die Familie war vom Violinspiel in Anspruch genommen; die Zimmerherren dagegen, die zunächst, die Hände in den Hosentaschen, viel zu nahe hinter dem Notenpult der Schwester sich aufgestellt hatten, was sicher die Schwester stören musste, zogen sich bald unter halblauten Gesprächen mit gesenkten Köpfen zum Fenster zurück, wo sie, vom Vater besorgt beobachtet, auch blieben. Es hatte nun wirklich den Anschein, als wären sie in ihrer Annahme, ein schönes Violinspiel

---

[1] **übertreiben, übertrieb, hat übertrieben** etwas dramatisieren, hochspielen, überziehen
[2] **sich vorwagen** den Mut haben, vorwärts zu gehen
[3] **r Stolz** (nur Sg.) die Ehre, Selbstachtung
[4] **e Gleichgültigkeit** die Achtlosigkeit, Unbeteiligtheit, Interesselosigkeit
[5] **sich scheuern** sich kratzen, auch: reinigen
[6] **makellos** ohne Fehler

zu hören, enttäuscht, hätten die ganze Vorführung¹ satt und ließen sich nur aus Höflichkeit noch in ihrer Ruhe stören. Und doch spielte die Schwester so schön. Ihr Gesicht war zur Seite geneigt, prüfend und traurig folgten ihre Blicke den Notenzeilen. Gregor kroch noch ein Stück vorwärts und hielt den Kopf eng an den Boden, um ihren Blicken begegnen zu können. War er ein Tier, da ihn Musik so ergriff²? Ihm war, als zeige sich ihm der Weg zu der ersehnten³ unbekannten Nahrung. Er war entschlossen, bis zur Schwester vorzudringen⁴, sie am Rock zu zupfen und ihr dadurch anzudeuten, sie möge doch mit ihrer Violine in sein Zimmer kommen, denn niemand lohnte⁵ hier das Spiel so, wie er es lohnen wollte. Er wollte sie nicht mehr aus seinem Zimmer lassen, wenigstens nicht, solange er lebte; an allen Türen seines Zimmers wollte er gleichzeitig sein und den Angreifern entgegen fauchen; die Schwester aber sollte freiwillig bei ihm bleiben; sie sollte neben ihm auf dem Kanapee sitzen, das Ohr zu ihm herunter neigen, und er wollte ihr dann anvertrauen, dass er die feste Absicht gehabt habe, sie auf das Konservatorium zu schicken, und dass er dies, wenn nicht das Unglück dazwischen gekommen wäre, vergangene Weihnachten – Weihnachten war doch wohl schon vorüber? – allen gesagt hätte. Nach dieser Erklärung würde die Schwester in Tränen ausbrechen, und Gregor würde sich erheben und ihren Hals küssen.

„Herr Samsa!", rief der mittlere Herr dem Vater zu und zeigte, ohne ein weiteres Wort zu verlieren, mit dem Zeigefinger auf Gregor. Die Violine verstummte, der mittlere Zimmerherr lächelte erst einmal kopfschüttelnd seinen Freunden zu und sah dann wieder auf Gregor hin. Der Vater schien es für nötiger zu halten, statt Gregor zu vertreiben⁶, vorerst die Zimmerherren zu beruhigen,

---

¹ e Vorführung, en öffentliches Vorspiel
² ergreifen, ergriff, hat ergriffen die Seele berühren
³ ersehnen sich etwas sehr stark wünschen, etwas erwarten
⁴ vordringen, drang vor, ist vorgedrungen vorwärts gehen,
kraftvoll nach vorn gehen
⁵ lohnen einen Lohn geben, etwas vergüten
⁶ vertreiben, vertrieb, hat vertrieben verjagen, mit Gewalt wegschicken

<Franz>Kafka</Franz>

trotzdem diese gar nicht aufgeregt waren und Gregor sie mehr als das Violinspiel zu unterhalten schien. Er eilte zu ihnen und suchte sie mit ausgebreiteten Armen in ihr Zimmer zu drängen[1] und gleichzeitig mit seinem Körper ihnen den Ausblick auf Gregor zu nehmen. Sie wurden nun tatsächlich ein wenig böse, man wusste nicht mehr, ob über das Benehmen des Vaters oder über die Erkenntnis, ohne es zu wissen, einen solchen Zimmernachbarn wie Gregor zu haben. Sie verlangten vom Vater Erklärungen, zupften unruhig an ihren Bärten und wichen nur langsam gegen ihr Zimmer zurück. Inzwischen hatte die Schwester die Verlorenheit überwunden, hatte das Instrument auf den Schoß[2] der Mutter gelegt, die in Atembeschwerden mit heftig arbeitenden Lungen[3] noch auf ihrem Sessel saß, und war in das Nebenzimmer gelaufen, dem sich die Zimmerherren näherten. Man sah, wie unter den geübten Händen der Schwester die Decken und Polster in den Betten sich ordneten. Noch ehe die Herren das Zimmer erreicht hatten, war sie mit dem Aufbetten fertig und schlüpfte heraus. Der Vater schien jeden Respekt zu vergessen, den er seinen Mietern schuldete. Er drängte nur und drängte, bis in der Tür des Zimmers der mittlere der Herren donnernd mit dem Fuß aufstampfte und dadurch den Vater zum Stehen brachte. „Ich erkläre hiermit", sagte er, hob die Hand und suchte mit den Blicken auch die Mutter und die Schwester, „dass ich mit Rücksicht auf die in dieser Wohnung und Familie herrschenden widerlichen Verhältnisse" – hierbei spie er auf den Boden – „mein Zimmer augenblicklich kündige. Ich werde natürlich auch für die Tage, die ich hier gewohnt habe, nicht das Geringste bezahlen, dagegen werde ich es mir noch überlegen, ob ich nicht mit Forderungen[4] gegen Sie auftreten werde." Er schwieg

---

[1] **drängen** schieben, treiben
[2] **r Schoß, "e** Oberschenkel im Sitzen, Unterleib
[3] **e Lunge, n** Körperorgan zum Atmen
[4] **e Forderungen, en** hier: rechtliche Ansprüche

und sah gerade vor sich hin, als erwarte er etwas. Tatsächlich fielen sofort seine zwei Freunde mit den Worten ein: „Auch wir kündigen augenblicklich." Darauf fasste er die Türklinke und schloss mit einem Krach die Tür.

Der Vater wankte[1] zu seinem Sessel und ließ sich in ihn fallen; es sah aus, als strecke er sich zu seinem gewöhnlichen Abendschläfchen, aber das starke Nicken seines Kopfes zeigte, dass er ganz und gar nicht schlief. Gregor war die ganze Zeit still auf dem Platz gelegen, auf dem ihn die Zimmerherren ertappt[2] hatten. Die Enttäuschung über das Misslingen seines Planes, vielleicht aber auch die durch das viele Hungern verursachte Schwäche machten es ihm unmöglich, sich zu bewegen. Er fürchtete einen Zusammensturz und wartete. Nicht einmal die Violine schreckte ihn auf, die der Mutter vom Schoß fiel.

„Liebe Eltern", sagte die Schwester und schlug mit der Hand auf den Tisch, „so geht es nicht weiter. Wenn ihr das vielleicht nicht einsehet, ich sehe es ein. Ich will vor diesem Untier[3] nicht den Namen meines Bruders aussprechen, und sage daher bloß: Wir müssen versuchen, es loszuwerden. Wir haben das Menschenmögliche versucht, es zu pflegen und zu dulden, ich glaube, es kann uns niemand den geringsten Vorwurf machen." „Sie hat tausendmal Recht", sagte der Vater für sich. Die Mutter, die noch immer nicht genug Atem finden konnte, fing mit einem irrsinnigen[4] Ausdruck der Augen dumpf zu husten an.

---

[1] **wanken** sich hin- und herbewegen
[2] **jmdn. bei etwas ertappen** jmdn. erwischen oder entdecken
[3] **s Untier, e** das Monstrum
[4] **irrsinnig** verrückt, wirr

Lesen & Lernen

1 **Bringen Sie die Ereignisse in die richtige Reihenfolge! Nummerieren Sie die Sätze!**

A ☐ Die Schwester spielt den Zimmerherren ein Stück auf der Violine.

B ☐ 1 Gregor aß nichts mehr.

C ☐ Die Zimmerherren kündigen.

D ☐ Die Familie hat ein Zimmer vermietet.

E ☐ Die Mutter und die Schwester bringen den Zimmerherren das Essen.

F ☐ Alle unnützen Dinge wurden in Gregors Zimmer gestellt.

G ☐ Gregor verlässt sein Zimmer und bewegt sich ins Wohnzimmer.

H ☐ Die Familie entscheidet, Gregor aus der Wohnung zu entfernen.

Sätze & Strukturen

2 **Indirekte Rede. Transformieren Sie in indirekte Reden oder äquivalente indirekte Wiedergaben!**

Die Schwester sagte zu Gregor: „Es ist schönes Wetter!"
Die Schwester sagte zu Gregor, dass schönes Wetter sei.

1 Die Mutter sagte zu Grete: „Wir müssen Gregors Zimmer so lassen wie es ist."

_____

2 Grete bat die Mutter: „Bitte hilf mir, den Kasten rauszutragen."

_____

3 Die Zimmerherren riefen: „Das sind widerliche Zustände."

_____

4 Der Vater sagte: „Ich habe etwas Geld zurückgelegt."

_____

5 Das Dienstmädchen sagte: „Ich möchte nur in der verschlossenen Küche arbeiten."

_____

6 Der Vater verlangte: „Schafft dieses Untier fort!"

_____

7 Die Mutter fragte: „Hat Gregor heute wieder nichts gegessen?"

_____

8 Der Vater sagte zum Prokuristen: „Guten Tag!"

_____

ZD Zertifikat Deutsch – Sprachbausteine 2

3 **Frau Hoffmann erzählt von ihren Aufgaben als Sekretärin.**
Ergänzen Sie die fehlenden Verben aus dem Kasten!
(Es gibt 5 Lücken, aber 10 Lösungen!)

a antworte	**e** lerne	**i** vermittle
b beantworte	**f** schaue	**k** zeigen
c empfange	**g** übersetze	
d erhalte	**h** vereinbare	

Als Sekretärin einer eher kleinen Firma habe ich viele Aufgaben. Ich (1)
Briefe und E-Mails von der Chefin, gebe am Telefon Auskunft und (2)
die Termine für die Chefin. Wenn jemand einen Termin bei der Chefin
hat, (3) ich den Gast. Früher durfte ich den Gästen manchmal auch die
Firma (4), aber das macht die Chefin heute selbst. Manchmal (5) ich
für die Chefin polnische Texte.

1 ☐   **2** ☐   **3** ☐   **4** ☐   **5** ☐

Vor dem Lesen

4 **Gefühle. Was machen Sie, wenn Sie ... sind? Erzählen Sie!**

1 Wenn ich traurig bin, _____
2 Wenn ich glücklich bin, _____
3 Wenn ich wütend bin, _____
4 Wenn ich ängstlich bin, _____
5 Wenn ich albern bin, _____

6 Wenn ich gut gelaunt bin, _____
7 Wenn ich erschöpft bin, _____
8 Wenn ich müde bin, _____
9 Wenn ich ärgerlich bin, _____
10 Wenn ich verliebt bin, _____

Kapitel 8

Ende und Anfang

Die Schwester eilte zur Mutter. Der Vater schien auf bestimmtere Gedanken gebracht zu sein, und sah auf den stillen Gregor. „Wir müssen es loszuwerden suchen", sagte die Schwester nun zum Vater, „es bringt euch noch beide um[1], ich sehe es kommen. Wenn wir schon so schwer arbeiten, können wir nicht noch zu Hause diese ewige Quälerei ertragen." Und sie weinte heftig. „Kind", sagte der Vater mitleidig „was sollen wir aber tun?" Die Schwester zuckte nur ratlos die Achseln[2]. „Wenn er uns verstünde", sagte der Vater. „Wenn er uns verstünde", wiederholte der, „dann wäre vielleicht ein Übereinkommen[3] mit ihm möglich. Aber so …"

„Weg muss es", rief die Schwester, „das ist das einzige Mittel, Vater. Du musst vergessen, dass es Gregor ist. Aber wie kann es denn Gregor sein? Wenn es Gregor wäre, er hätte längst eingesehen[4], dass ein Zusammenleben von Menschen mit einem solchen Tier nicht möglich ist, und wäre freiwillig fortgegangen. Wir hätten dann keinen Bruder, aber könnten weiterleben. So aber verfolgt uns dieses Tier, vertreibt die Zimmerherren, will die ganze Wohnung einnehmen und uns auf der Gasse[5] übernachten lassen. Sieh nur, Vater", schrie sie plötzlich auf, „er fängt schon wieder an!" Sie eilte hinter den Vater,

---

[1] jmdn. umbringen, brachte um, hat, umgebracht jmdn. töten
[2] e Achseln zucken Schulter zucken, Geste des Nichtwissens
[3] s Übereinkommen, - ein Abkommen, ein Pakt oder Vertrag
[4] einsehen, sieht ein, sah ein, hat eingesehen verstehen
[5] e Gasse, n kleine Straße

der aufstand. Aber Gregor fiel es gar nicht ein, jemandem Angst zu machen. Er hatte bloß angefangen sich umzudrehen, um in sein Zimmer zurückzuwandern. Er hielt inne[1] und sah sich um. Nun sahen ihn alle schweigend und traurig an. Die Mutter lag in ihrem Sessel, der Vater und die Schwester saßen nebeneinander. „Nun darf ich mich vielleicht umdrehen", dachte Gregor. Es drängte ihn auch niemand, es war alles ihm selbst überlassen. Als er die Umdrehung vollendet hatte, wanderte er sofort zurück. Erst als er schon in der Tür war, wendete er den Kopf. Sein letzter Blick streifte[2] die Mutter. Kaum war er innerhalb seines Zimmers, wurde die Tür eiligst versperrt. Es war die Schwester, die sich so beeilt hatte. Gregor hatte sie gar nicht kommen hören, und ein „Endlich!" rief sie den Eltern zu, während sie den Schlüssel im Schloss umdrehte.

„Und jetzt?", fragte sich Gregor und sah sich im Dunkeln um. Er machte die Entdeckung, dass er sich nun überhaupt nicht mehr rühren[3] konnte. Er wunderte sich darüber nicht. Im Übrigen fühlte er sich behaglich. Er hatte zwar Schmerzen im ganzen Leib. Den verfaulten Apfel in seinem Rücken und die entzündete Umgebung spürte er kaum. An seine Familie dachte er mit Liebe zurück. Seine Meinung darüber, dass er verschwinden müsse, war womöglich noch entschiedener, als die seiner Schwester. In diesem Zustand blieb er, bis die Turmuhr die dritte Morgenstunde schlug. Den Anfang des allgemeinen Hellerwerdens draußen vor dem Fenster erlebte er noch. Dann sank sein Kopf ohne seinen Willen nieder, und aus seinen Nüstern[4] strömte sein letzter Atem schwach hervor.

Als am frühen Morgen die Bedienerin kam, fand sie bei ihrem kurzen Besuch an Gregor zuerst nichts Besonderes. Sie dachte, er

---

[1] **innehalten, hält inne, hielt inne, hat innegehalten** anhalten, aufhören
[2] **streifen** wie zufällig berühren
[3] **sich rühren** sich bewegen
[4] **e Nüster, n** Nase bei Tieren

liege absichtlich so unbeweglich da. Weil sie zufällig den langen Besen in der Hand hielt, suchte sie mit ihm Gregor zu kitzeln[1]. Als sich auch da kein Erfolg zeigte, wurde sie aufmerksam. Als sie bald den wahren Sachverhalt erkannte, machte sie große Augen, pfiff[2] vor sich hin, hielt sich aber nicht lange auf, sondern riss die Tür des Schlafzimmers auf und rief mit lauter Stimme in das Dunkel hinein: „Sehen Sie nur mal, es ist krepiert[3]; da liegt es, ganz und gar krepiert!"

Das Ehepaar Samsa saß im Ehebett aufrecht. Dann aber stiegen Herr und Frau Samsa, jeder auf seiner Seite, eiligst aus dem Bett, Herr Samsa warf die Decke über seine Schultern, Frau Samsa kam nur im Nachthemd; so traten sie in Gregors Zimmer. Inzwischen erschien auch Grete völlig angezogen, als hätte sie nicht geschlafen. „Tot?", fragte Frau Samsa. „Das will ich meinen", sagte die Bedienerin und stieß zum Beweis Gregors Leiche[4] mit dem Besen seitwärts. „Nun", sagte Herr Samsa, „jetzt können wir Gott danken." Er bekreuzte[5] sich, und die drei Frauen folgten seinem Beispiel.

Grete, die kein Auge von der Leiche wendete, sagte: „Seht nur, wie mager er war. Er hat ja auch schon so lange Zeit nichts gegessen." „Komm, Grete, auf ein Weilchen zu uns herein", sagte Frau Samsa mit einem wehmütigen[6] Lächeln, und Grete ging hinter den Eltern in das Schlafzimmer. Die Bedienerin schloss die Tür und öffnete das Fenster. Es war schon Ende März.

Aus ihrem Zimmer traten die drei Zimmerherren und sahen sich erstaunt nach ihrem Frühstück um; man hatte sie vergessen. „Wo ist das Frühstück?", fragte der mittlere der Herren die Bedienerin. Diese aber legte den Finger an den Mund und winkte dann schweigend den Herren zu, sie möchten in Gregors Zimmer kommen. Sie kamen

---

[1] **kitzeln** kraulen, kratzen
[2] **pfeifen, pfiff, gepfiffen** einen Ton mit gespitzten Lippen hervorbringen
[3] **krepieren** sterben
[4] **e Leiche, n** der Kadaver
[5] **sich bekreuzen** religiöse Geste, Kreuzzeichen machen
[6] **wehmütig** traurig

auch und standen dann um Gregors Leiche herum. Da öffnete sich die Tür des Schlafzimmers, und Herr Samsa erschien an einem Arm seine Frau, am anderen seine Tochter. Alle waren ein wenig verweint.

„Verlassen Sie sofort meine Wohnung!", sagte Herr Samsa und zeigte auf die Tür. „Wie meinen Sie das?", sagte der mittlere der Herren. „Ich meine es genau so, wie ich es sage", antwortete Herr Samsa und ging auf den Zimmerherrn zu. Dieser stand still da. „Dann gehen wir also", sagte er dann und sah zu Herrn Samsa auf. Herr Samsa nickte ihm bloß zu[1]. Daraufhin ging die Herren tatsächlich sofort ins Vorzimmer. Im Vorzimmer nahmen alle drei die Hüte vom Kleiderrechen[2], zogen ihre Stöcke aus dem Stockbehälter, verbeugten sich stumm[3] und verließen die Wohnung. Herr Samsa trat mit den zwei Frauen auf den Vorplatz hinaus; an das Geländer gelehnt, sahen sie zu, wie die drei Herren die lange Treppe hinunterstiegen.

Famile Samsa ging in die Wohnung zurück. Sie beschlossen, den heutigen Tag zum Ausruhen und Spazierengehen zu verwenden; sie hatten diese Arbeitsunterbrechung nicht nur verdient, sie brauchten sie unbedingt. Und so setzten sie sich zum Tisch und schrieben drei Entschuldigungsbriefe, Herr Samsa an seine Direktion, Frau Samsa an ihren Auftraggeber, und Grete an ihren Prinzipal[4]. Während des Schreibens kam die Bedienerin herein, um zu sagen, dass sie gehe, denn ihre Morgenarbeit war beendet. Die drei Schreibenden nickten bloß. Die Bedienerin stand lächelnd in der Tür. „Also was wollen Sie eigentlich?", fragte Frau Samsa, vor welcher die Bedienerin noch am meisten Respekt hatte. „Ja", antwortete die Bedienerin „also darüber, wie das Zeug von nebenan weggeschafft werden soll, müssen Sie sich keine Sorge machen. Es ist schon in Ordnung." Sie

---

[1] **jmdm. zunicken** eine bestätigende Geste mit dem Kopf, wortlos bejahen

[2] **r Kleiderrechen, -** Kleiderhaken an der Wand

[3] **stumm** ohne Worte

[4] **r Prinzipal, en** der Vorgesetzte

verabschiedete sich, drehte sich um und verließ die Wohnung.

„Abends wird sie entlassen", sagte Herr Samsa. Sie erhoben sich, gingen zum Fenster und blieben dort, sich umschlungen haltend. Herr Samsa drehte sich in seinem Sessel nach ihnen um und beobachtete sie still ein Weilchen. Dann rief er: „Also kommt doch her. Lasst schon endlich die alten Sachen." Dann verließen alle drei gemeinschaftlich die Wohnung, was sie schon seit Monaten nicht getan hatten, und fuhren mit der Elektrischen[1] ins Freie vor die Stadt. Der Wagen, in dem sie allein saßen, war ganz von warmer Sonne durchschienen. Sie besprachen, bequem auf ihren Sitzen zurückgelehnt, die Aussichten für die Zukunft, und es fand sich, dass diese durchaus nicht schlecht waren, denn aller drei Anstellungen waren überaus günstig und besonders für später vielversprechend. Die größte augenblickliche Besserung der Lage musste sich natürlich leicht durch einen Wohnungswechsel ergeben; sie wollten nun eine kleinere und billigere, aber besser gelegene und überhaupt praktischere Wohnung nehmen, als es die jetzige, noch von Gregor ausgesuchte war. Während sie sich so unterhielten, fiel es Herrn und Frau Samsa im Anblick ihrer immer lebhafter werdenden Tochter fast gleichzeitig ein, wie sie in der letzten Zeit trotz aller Plage[2], die ihre Wangen bleich gemacht hatte, zu einem schönen und üppigen Mädchen aufgeblüht war. Stiller werdend und fast unbewusst durch Blicke sich verständigend, dachten sie daran, dass es nun Zeit sein werde, auch einen braven Mann für sie zu suchen.

---

[1] **e Elektrische, n** die Straßenbahn

[2] **e Plage, n** die Katastrophe, Last

Lesen & Lernen

1 Antworten Sie auf die Fragen!

Was verlangt Grete von den Eltern?
Sie verlangt von ihnen, Gregor wegzuschaffen.

1 Was sagt Grete über das Tier?

_____

2 Was versucht Gregor nun?

_____

3 Wann stirbt Gregor?

_____

4 Wer entdeckt die Leiche?

_____

5 Was verlangt der Vater von den Zimmerherren?

_____

6 Was macht die Familie an diesem Tag?

_____

Worte & Wörter

2 Wortfeld „Tiere und Menschen". Ordnen Sie die Wörter aus dem Kasten den beiden Wortfeldern zu!

> ~~fressen~~, essen, Nüster, Wohnung, Nase, Pfote, Schnauze,
> kriechen, aufrecht gehen, der Verstand, schnappen,
> schlürfen, beißen, Haut, Kleidung, Mund, Stall,
> sich am Boden kratzen, trinken, sich im Bad waschen,
> sprechen, zischen, piepsen, Hand, schreien, Huf, Fuß, Fell.

Tiere	fressen
Menschen	

Sätze & Strukturen

3 **Negation. Wo steht „nicht"? Negieren Sie die Sätze.**

Ich gehe heute Abend in mein Zimmer.
Ich gehe heute Abend nicht in mein Zimmer.

1 Gregor hat die Speisen wieder angerührt.

_____

2 Er konnte sich bewegen.

_____

3 Die Mutter saß im Sessel.

_____

4 Grete lief ins Nebenzimmer.

_____

5 Gegen vier Uhr hörte Gregor die Tumglocken.

_____

6 Die Bedienerin bemerkte den veränderten Zustand sofort.

_____

7 Die Zimmerherren wollten in der Wohnung bleiben.

_____

8 Die Familie verbrachte den Tag in der Wohnung.

_____

ZD ZERTIFIKAT DEUTSCH – Sprechen 3

4 **Lösen einer Aufgabe: Sie planen die Eröffnung einer Ausstellung. Sie haben die Aufgabe, zusammen mit Ihrer Partnerin / Ihrem Partner eine Ausstellung zu organisieren. Überlegen Sie sich, was alles zu tun ist und wer welche Aufgaben übernimmt. Beginnen Sie mit Vorschlägen zum Termin Ausstellungseröffnung.**

Wann?	Essen	Stühle und Tische
Wo?	Getränke	Plakate und weitere Werbung
		Einladungen zur Eröffnung

Franz Kafka
(geboren am 03.07.1883 in Prag, gestorben am 03.06. 1924 in Kierling bei Wien)

Die Familie

Franz Kafka wird am 3. Juli 1883 in Prag geboren. Der Name „Kafka" ist tschechisch und bedeutet wörtlich „Dohle". Daher diente dieser schwarze Vogel auch als Firmenwappen für das Geschäft von Herrmann Kafka (1852-1931). Der Vater war ein jüdischer Galanteriewarenhändler. Jahrelang war er als reisender Vertreter tätig. Kafkas Vater bemühte sich um eine ökonomische und nationale Assimilierung der Familie.

Die Mutter, Julie (1856-1934), entstammte der angesehenen Kaufmannsfamilie Löwy. Franz Kafka war das älteste von sechs Kindern. Zwei Brüder starben früh, nur die Schwestern Elli, Valli und Ottla blieben am Leben. Sie wurden während der deutschen Besatzung im zweiten Weltkrieg deportiert und starben wahrscheinlich in Konzentrationslagern.

Schulzeit und Studium

Die Familie Kafka gehörte als deutschsprachige jüdische Familie gleich zwei religiösen und nationalen Minderheiten in der tschechischen Stadt Prag an.
Von 1889 bis 1983 besuchte Franz die Deutsche Knabenschule am Fleischmarkt in Prag, später das deutschsprachige Gymnasium. Kafka war ein guter Schüler. Nach dem Abitur im Sommer 1901 begann er ein Jurastudium an der Prager Universität. Er hörte aber auch germanistische Vorlesungen und wurde mit der Prager Literaturszene bekannt. Zudem besuchte er in jener Zeit philosophische Zirkel und literarische Salons. 1902 lernte er bei einer Vorlesung den künftigen, engen Freund Max Brod kennen, der ihn zum Schreiben ermutigte. Am 18.06.1906 wurde Kafka zum Dr. jur. promoviert.

Berufsleben

Nach dem Studium begann Franz Kafka eine Tätigkeit als Versicherungsjurist bei den „Assicurazioni Generali". Ab 1908 arbeitete er als Anwalt für die „Arbeiter-Unfall-Versicherungs-Anstalt" in Prag. Er wurde bis zum Obersekretär befördert. Mit Fortschreiten seiner Krankheit wurde er 1922 pensioniert. Seine berufliche Aufgabe bestand darin, Ersatzforderungen der Geschädigten – Arbeiter, die einen Unfall hatten – möglichst gering zu halten. Kafka hat zeitlebens unter seinem Beruf gelitten. Die Monotonie der Büroarbeit raubte ihm Zeit und Kraft für das Schreiben.

Beziehungen

Franz Kafka war 1914 mit der Berliner Angestellten Felice Bauer verlobt. Diese Verlobung wurde aber bereits sechs Wochen später wieder gelöst. Bei einem Erholungsurlaub in Schelesen (nördlich von Prag) lernte er Julie Wohryzek kennen, die Heiratspläne wurden aber wieder aufgegeben. Im Frühjahr 1920 traf er die Tschechin Milena Jesenská. Sie war die Ehefrau des Schriftstellers Ernst Pollak und wurde die Übersetzerin seiner Texte ins Tschechische. 1923 lernte er bei einem Kururlaub in Graal-Müritz Dora Diamant kennen. Mit ihr verlebte er die letzten – und vielleicht auch ersten – glücklichen Monate seines Lebens.

Krankheit und Tod

In der Nacht zum 13.08. 1917 erlitt Kafka einen Blutsturz, der die zum Tod führende Krankheit einleitete. Es wurde eine Lungentuberkulose diagnostiziert, die zur damaligen Zeit nicht heilbar war. Zunächst betrachtete Kafka die Krankheit fast mit Erleichterung. Denn nun konnte er den verhassten Beruf aufgeben und hatte mehr Zeit zum Schreiben. Doch Kafkas Gesundheitszustand verschlechterte sich. Er unternahm zahlreiche Kuren in Sanatorien. 1923 erkranke er auch an Kehlkopftuberkulose. Am 3. Juni 1924 starb Kafka im Sanatorium in Kierling in Niederösterreich.

Erstausgabe von "Die Verwandlung"

Franz Kafka - der Zeichner

Kafka ist nicht nur einer der bedeutendsten deutschsprachigen Erzähler des 20. Jahrhunderts. Wenigen ist bekannt, dass Kafka auch ein Zeichner war. Vor allem dank der Sammelleidenschaft von Max Brod – Kafkas Freund – wissen wir heute von Kafkas zweiter Leidenschaft. Brod sammelte und publizierte nicht nur seine literarischen Texte, sondern auch Kafkas Zeichnungen.

Max Brod – der Sammler

In der Tat spielt Max Brod eine besondere Rolle für Kafkas Zeichnungen, förderte er doch sehr früh schon nicht nur Kafkas literarische, sondern auch seine zeichnerische Begabung. Seit 1903 sammelte er Kafkas Zeichnungen. So hatte Kafka die Angewohnheit, während langweiliger Vorlesungen am Rand seiner Mitschriften Figuren zu zeichnen. Als sein Freund und Mitstudent Brod sich die Notizen auslieh, entdeckte er diese Zeichnungen und fing an sie auszuschneiden und zu sammeln. 1907 will Brod den Stuttgarter Verleger Axel Juncker davon überzeugen, als Umschlagbild seines eigenen Romans „Der Weg des Verliebten" eine Zeichnung von Kafka zu verwenden. Wie für viele andere Künstler hätte das der Beginn einer Karriere als Zeichner werden können. Aber wie wir heute wissen, ging Kafkas Werdegang in eine andere Richtung.

Zeichner oder Literat

Zwischen 1903 und 1905 erwog Kafka ernsthaft die Möglichkeit, Zeichner zu werden. Er nahm Zeichenunterricht (der seinem Talent eher schadete als es förderte, wie er später bemerken sollte) und suchte Anschluss an Künstlergruppen wie die Prager Malergruppe „Acht" (Mitglieder waren u.a. Fritz Feigl, Willy Novak, Otokar Kubin). Zudem bezeichnete Kafka sich selbst als Zeichner, wie hier in einem Brief: *„Wie gefällt Dir mein Zeichnen? Du, ich war einmal ein großer Zeichner, nur habe ich dann bei einer schlechten Malerin schulmäßiges Zeichnen zu lernen angefangen und mein ganzes Talent verdorben. Denk nur! Aber warte, ich werde Dir nächstens paar alte Zeichnungen schicken, damit Du etwas zum Lachen hast. Jene Zeichnungen haben mich zu seiner Zeit, es ist schon Jahre her, mehr befriedigt, als irgendetwas."*

Allerdings wird er später seine zeichnerischen Fähigkeiten, wie übrigens auch seine schriftstellerischen Fähigkeiten, als unbedeutend einstufen: *„Aber das sind doch keine Zeichnungen, die ich jemandem zeigen könnte. Das sind nur ganz persönliche und darum unleserliche Hieroglyphen. [...] Meine Figuren haben keine richtigen räumlichen Proportionen. Sie haben keinen eigentlichen Horizont. Die Perspektive der Figuren, deren Umriss ich da zu erfassen versuche, liegt vor dem Papier, am anderen, ungespitzten Ende des Bleistifts – in mir! [...] Meine Zeichnungen sind keine Bilder, sondern eine private Zeichenschrift. [...] Diese Männchen kommen aus dem Dunkel, um im Dunkel zu verschwinden ."*

[...]

Franz Kafka

91

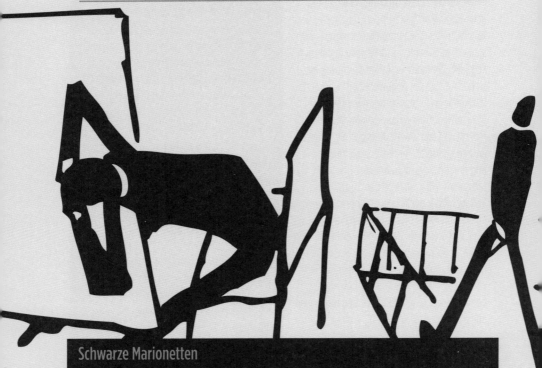

Schwarze Marionetten

Sehr bekannt sind sechs Zeichnungen, die Max Brod als „die schwarzen Marionetten an unsichtbaren Fäden" bezeichnete. Diese Figuren werden oft auf den Umschlägen von Kafka-Ausgaben abgebildet Die bekannteste Zeichnung ist „Mann mit Kopf auf Tisch". Generationen von Schülern und Schülerinnen dürften sie kennen. Viele dieser Zeichnungen haben einen konkreten Bezug zu einem Text oder Tagebucheintrag von Kafka.

Selbstporträt

Weniger bekannt ist, dass Kafka auch ein Selbstporträt mit einem Porträt seiner Mutter gezeichnet hat. Man glaubt, dass das Selbstporträt nach der Vorlage eines Fotos entstanden ist. Die Mutter porträtierte Kafka vielleicht während eines abendlichen Kartenspiels mit dem Vater. Diese Zeichnung ist nicht genau datierbar, sie könnte jedoch in Zusammenhang mit einer Tagebuchnotiz aus dem Jahre 1911 stehen: „Jetzt erinnere ich mich, dass die Brille im Traum von meiner Mutter stammt, die am Abend neben mir sitzt und unter ihrem Zwicker während des Kartenspiels nicht sehr angenehm zu mir herüberschaut. Ihr Zwicker hat sogar, was ich früher bemerkt zu haben mich nicht erinnere, das rechte Glas näher dem Auge als das linke."

Zeichnungen und Texte

Kafkas Zeichnungen wurden von der Kritik oft als nicht deutbar oder mystisch klassifiziert. Die Skizzen können jedoch ihren rätselhaften Charakter verlieren, wenn sie in Beziehung zu Kafkas Texten gesetzt werden. Nicht umsonst hat der begeisterte Kafka-Sammler und Kenner Max Brod betont, dass Text und Zeichnung bei Kafka zusammen gelesen werden müssen. Er spricht auch von einer Doppelbegabung Kafkas und führte aus, dass „Kafka als Zeichner ein Künstler von besonderer Kraft und Eigenart" war. Besonders unterstrich er die „Parallelen zwischen zeichnerischer und erzählerischer Vision".

„Einmal ein großer Zeichner"

2006 erschien in deutscher Übersetzung der Band „Einmal ein großer Zeichner. Franz Kafka als bildender Künstler" im Vitalisverlag. Die niederländischen AutorInnen Niels Bokhove und Marijke van Dorst stellten zum zehnjährigen Jubiläum der niederländischen Franz-Kafka-Gesellschaft diesen Band zusammen und er wurde ursprünglich in Utrecht publiziert. Der Band versammelt alle bisher verfügbaren vierzig Zeichnungen und lässt so ein neues Bild von Kafka als Zeichner entstehen.

„Selbstporträt mit Mutter"

Einband von „Einmal ein großer Zeichner"

TESTEN SIE SICH SELBST!

Was wissen Sie noch?

1 Gregor Samsa ist ... von Beruf.

A ☐ Handelsreisender

B ☐ Textilverkäufer

C ☐ Angestellter

2 Gregors Vater arbeitet nicht, weil ...

A ☐ in Pension ist.

B ☐ sein Geschäft zusammengebrochen ist.

C ☐ er krank ist.

3 Gregor verwandelt sich in ...

A ☐ einen Hund.

B ☐ eine Spinne.

C ☐ einen riesigen Käfer.

4 Der Vater ...

A ☐ ist verzweifelt.

B ☐ wird immer kränker.

C ☐ nimmt eine Stellung an.

5 Die Mutter besucht Gregor ...

A ☐ täglich.

B ☐ nie.

C ☐ sehr selten.

6 Die Zimmerherren sind ...

A ☐ wichtig für das Familieneinkommen.

B ☐ Freunde vom Vater.

C ☐ Verwandte der Mutter.

7 Der Vater hat ohne Gregors Wissen ...

A ☐ Grete am Konservatorium angemeldet.

B ☐ Geld gespart.

C ☐ neue Schulden gemacht.

8 Grete spielt ...

A ☐ Klavier.

B ☐ Gitarre.

C ☐ Violine.

9 Die Zimmerherren ....

A ☐ werden weggeschickt.

B ☐ werden immer bleiben.

C ☐ haben sich an Gregor gewöhnt.

10 Die Familie hat nun ...

A ☐ keine Zukunft mehr.

B ☐ ein besseres Leben vor sich.

C ☐ Reisepläne.

SYLLABUS

Themen
Familie und Verwandtschaft,
Gefühle, Wetter, Uhrzeit, Wohnen,
Arbeit und Beruf, Gesundheit
und Körper, Menschen und Tiere

Sprachhandlungen
sich vorstellen, über Gefühle
sprechen, Gefallen und Missfallen
ausdrücken, ein Zimmer / eine
Wohnung beschreiben, Angebote
oder Vorschläge machen, über
Argumente diskutieren, Personen
beschreiben, über Arbeit sprechen,
über Familie sprechen

Grammatik
das Verb: Präsens, Perfekt,
Präteritum, Futur, Plusquamperfekt,
Partizip II, Partizip I, Partizipialattribute,
Indikativ, Konjunktiv, Aktiv Passiv
Deklination der Nomengruppe

Präpositionen
der Satz: der einfache Satz,
der zusammengesetzte
Satz Nebensätze: Kausalsatz,
Objektsatz, Subjektsatz, Finalsatz,
Konzessivsatz, Temporalsatz,
Konsekutivsatz, Konditionalsatz,
Relativsatz, Negation

ERWACHSENE ELI LEKTÜREN